Albert Einstein

Série Biografias **L&PM** POCKET:

Albert Einstein – Laurent Seksik
Átila – Eric Deschodt / Prêmio "Coup de coeur en poche"
   2006 (França)
Balzac – François Taillandier
Baudelaire – Jean-Baptiste Baronian
Billie Holiday – Sylvia Fol
Cézanne – Bernard Fauconnier / Prêmio de biografia da
   cidade de Hossegor 2007 (França)
Freud – René Major e Chantal Talagrand
Gandhi – Christine Jordis / Prêmio do livro de história da
   cidade de Courbevoie 2008 (França)
Júlio César – Joël Schmidt
Kafka – Gérard-Georges Lemaire
Kerouac – Yves Buin
Leonardo da Vinci – Sophie Chauveau
Luís XVI – Bernard Vincent
Michelangelo – Nadine Sautel
Modigliani – Christian Parisot
Picasso – Gilles Plazy
Shakespeare – Claude Mourthé
Van Gogh – David Haziot / Prêmio da Academia Francesa
   2008

Laurent Seksik

Albert Einstein

Tradução de REJANE JANOWITZER

www.lpm.com.br

L&PM POCKET

Coleção **L&PM** POCKET, vol. 891
Série Biografias/18

Texto de acordo com a nova ortografia.
Título original: *Albert Einstein*

Primeira edição na Coleção **L&PM** POCKET: agosto de 2010
Esta reimpressão: agosto de 2024

Tradução: Rejane Janowitzer
Capa e projeto gráfico: Editora Gallimard
Fotos da capa: em cima, Albert Einstein © Bettmann/CORBIS/Latinstock; embaixo, escritório de Einstein na Suíça, onde elaborou a teoria da relatividade © Erich Lessing / Magnum
Preparação: Elisângela Rosa dos Santos
Revisão: Patrícia Yurgel

CIP-Brasil. Catalogação-na-Fonte
Sindicato Nacional dos Editores de Livros, RJ

S465a

Seksik, Laurent, 1962-
    Albert Einstein / Laurent Seksik ; tradução de Rejane Janowitzer. – Porto Alegre, RS: L&PM, 2024.
    240p. – (L&PM POCKET Biografias; v. 891)

Tradução de: *Albert Einstein*

ISBN 978-85-254-2054-1

1. Einstein, Albert, 1879-1955. 2. Físicos - Alemanha - Biografia. 3. Relatividade (Física) I. Título. II. Série.

10-3265.   CDD: 925.3
                                           CDU: 929:53

© Éditions Gallimard, 2008

Todos os direitos desta edição reservados a L&PM Editores
Rua Comendador Coruja, 314, loja 9 – Floresta – 90220-180
Porto Alegre – RS – Brasil / Fone: 51.3225.5777

PEDIDOS & DEPTO. COMERCIAL: vendas@lpm.com.br
FALE CONOSCO: info@lpm.com.br
www.lpm.com.br

Impresso no Brasil
Inverno de 2024

Sumário

Uma bússola? / 9
O big bang / 12
Uma infância alemã / 20
O despertar de um gênio / 38
O ano-luz / 51
No começo eram as trevas / 63
De Berna a Berlim / 68
As guerras de Einstein / 85
O curso dos planetas / 92
A caminho da glória / 102
O avanço do perigo / 111
Einstein e a questão judaica / 117
Primeiros reveses / 127
Uma fraqueza pelo sexo "frágil"? / 134
O tempo do exílio / 136
Princeton / 154
A bomba / 163
O "Projeto Manhattan" / 178
O último combate / 198
O fim / 215

ANEXOS
Cronologia / 223
Referências / 231
Notas / 234
Sobre o autor / 236

Para Sacha e Jossua

Uma bússola?

Ele guardava dos dias de antigamente lembranças intactas. Cada um dos fatos era consignado no seu lugar. Sua memória identificava o mais insignificante dos gestos. A travessia da Itália de trem, adolescente, as declarações estrondosas que os jornais publicavam nas manchetes, os passeios solitários pelas ruas de Praga, as multidões exultantes na 42nd Street, seus livros sendo queimados na Praça da Ópera em Berlim, cada imagem, cada segundo era cuidadosamente registrado em sua mente. Os instantes do passado eram quase palpáveis. Bastava viajar em pensamento, como ele sempre gostara de fazer. Os entes queridos falecidos retomavam suas atitudes cordiais. Sábios por trás de púlpitos formulavam discursos. Apologias e sermões eram proferidos. Tropas pisavam no calçamento com passo de ganso. Ele se contentava em escutar. Os inimigos de antigamente, os amigos de sempre recuperavam a voz. O murmúrio do mundo desaparecido chegava expirando. O passado voltava à superfície do dia, devolvia-lhe a claridade de outros tempos.

Contudo, desse mundo de ontem nada mais subsistia. Dos seres que ele prezara, dos que o amaram, não restavam senão sombras atravessando um campo de ruínas. Quem havia sobrevivido? Ele passeava o olhar à própria volta. Sentia-se o sobrevivente de longínquos abismos. Felizmente, sua memória permanecia um lugar mágico. Ela retraçava os caminhos que levam à infância. Sua mente passeava por lá à vontade. Eis os únicos passeios que os médicos lhe concedem: uma simples volta pelo santuário e as horas de antigamente que gravitavam em torno dele. Ele tornava a sentir a embriaguez de seus dias antigos. As explosões de riso de sua irmã Maja na casa de Munique nos tempos felizes. Os desfiles sob os gritos de entusiasmo em Manhattan, os aplausos nos bancos da Academia de Berlim. As árias das sonatas que sua mãe dedilhava ao piano em Pávia. As travessias dos mundos, as transposições dos oceanos, o estrondo das guerras, os vales de lágrimas, as explosões de riso, os discursos honoríficos, as arengas rancorosas e tantas outras coisas que ainda voltavam em seu espírito.

Porém, naquele dia da primavera de 1955, a ronda dos dias antigos não dava mais voltas como de hábito. Os ecos dos risos da infância, o tumulto dos combates da idade adulta, a sinfonia das incontáveis alegrias voltavam-lhe por batimentos surdos. Ele procurava a lembrança de algum clarão passado. Só lhe chegava a pálida claridade do dia declinante que atravessava a janela do quarto, vinda do parque de Princeton. Uma luz que havia perdido o brilho costumeiro. Alguma coisa encobria-se para ele. As lembranças imobilizavam-se. Os contornos dos corpos, o arredondado das figuras, as imagens dos dias passados tornavam-se fluidos. Mesmo as sombras alongavam-se. Ele levou o olhar para o relógio da parede. O tempo não avançava mais. Teria perdido a razão? Tinha necessidade de repouso. Sua carta de apoio a Oppenheimer tinha-o deixado à beira do esgotamento. Combate excessivo? As forças o abandonavam. Como deixar Robert sozinho diante das abominações lançadas pelo FBI? E se na tormenta ele só tivesse os amigos? Ele também era um alvo. As insinuações divulgadas por Hoover a seu respeito lhe pesavam. Com palavras veladas, acusavam-no de ser um traidor. Traidor da América! Como ousavam? Acusavam-no de entendimento com o inimigo. Einstein, um agente soviético? Um quarto de século antes, a Gestapo colocara sua cabeça a prêmio! E hoje, no país da Liberdade, passados 75 anos, acusavam-no ainda. Precisava se defender. Nos mais altos escalões do Estado, viam-no como um opositor a ser afastado! Oh, claro, sua vida não estava mais em risco – apenas sua honra, seu trabalho ou o exílio. Os tempos haviam mudado. Não se impunha mais o uso da estrela amarela. Ninguém mais era conduzido ao abatedouro. O vermelho era doravante a marca da infâmia. A perseguição aos judeus tinha dado lugar à caça às bruxas.

Sua explosão de riso exibida nas primeiras páginas dos jornais não era senão um fogo de palha. Ele jamais teria direito à paz. De Goebbels a Hoover. A peste marrom* e o cólera.

Sentia-se mal desde a véspera. A lâmina de um sabre estava em vias de lhe transpassar o estômago. Essa dor na barriga era a causa de seus humores negros? O mal lhe escavava o intestino. Esvaziaria também sua mente? Recomendavam-lhe insistentemente consultar médicos. Perder tempo na sala de espera de um médico! A urgência? O manifesto de Russell conclamando o mundo a renunciar ao armamento nuclear! O perigo vinha daí, não dos sobressaltos de sua barriga. Teve forças para se levantar. Cruzou com seu rosto no espelho do quarto. Um velho de aparência hirsuta. Forçou-se a sorrir. A dor o atormentava. Caminhou até a janela. As cerejeiras do jardim do instituto estavam em flor. No dia seguinte ele se permitiria dar um passeio. Ao diabo as advertências dos médicos!

Voltou para o escritório. Recuperar a calma e a razão. Sentar-se. Retomar a redação do seu "Manifesto por um governo mundial". Reiterar sua oposição às pesquisas sobre a bomba H. Assinar o manifesto de Russell. Caneta-tinteiro e papel.

Ao passear o olhar à própria volta, deu com uma bússola colocada sobre o gaveteiro, no meio de outras coisas. Uma bússola? Quem lhe teria dado aquilo? O objeto devia estar largado ali há muitos anos. Levantou-se um pouco intrigado. Não, era apenas um relógio parado. Decididamente, ele estava perdendo o juízo. Reviu a bússola em pensamento. De repente, como atraído pelo magnetismo do objeto, tudo irrompeu em sua memória. A imagem do pai dando-lhe o instrumento, o maravilhamento suscitado pelo presente. O movimento da agulha aguçara sua curiosidade durante meses.

Naquela noite, ela o orientou no caminho de seu passado.

---
* Apelido dado durante a Segunda Guerra Mundial ao nazismo, por analogia à cor das camisas dos oficiais alemães. (N.T.)

O big bang

Ulm, 1879: uma pequena cidade medieval do Wurtemberg, uma velha cidade alemã, pousada sobre a margem esquerda do Danúbio, perdida no meio dos Alpes Suábios. Ulm, longe, muito longe de Berlim e da Prússia à qual foi anexada tardiamente. Berlim, a capital; Berlim, a autoritária; Berlim, a prussiana, de que Ulm se sente, quer ser, distante e diferente.

Em Ulm, a vida corre plácida e calma. O horizonte fecha-se com uma ligeira bruma. De madrugada, o viajante que vem de Stuttgart, de Munique, de Strasburgo, afasta-se das margens do Danúbio. Deixa atrás de si as montanhas do Tirol, as pradarias da Baviera. Vê elevar-se a ponta de uma catedral gótica. Entrevê os muros da fortaleza cercando o centro velho. Ao mesmo tempo em que o viajante se aproxima, um clima de animação se eleva junto com o sol ao longe. Ao penetrar na cidade, vê o velho bairro dos pescadores se agitar. Os curtidores de couro abrem seus estabelecimentos nas casas de cumeeira alta, de tetos pontudos. A água corre abundantemente nas numerosas fontes da cidade. Nas casas com pombal, os artesãos estão atarefados. Tece-se. Fabricam-se cachimbos. Um orgulho local, os cachimbos são desenhados, elaborados. Exportam-nos para toda a Europa. A maior parte dos habitantes se comunica usando o dialeto de sotaque suave falado pelos antigos. "É cheio de gratidão que eu penso em Ulm, Ulm evoca ao mesmo tempo uma alta tradição artística e um caráter simples e equilibrado."[1]*

A cidade vive por procuração, como à sombra de uma glória passada. Seu único feito militar? Continua pouco valorizado aos olhos dos prussianos. Ter sido o campo de batalha de uma das primeiras vitórias napoleônicas, uma vitória fundamental sobre as tropas austríacas. O nome de uma vitória inimiga!

---

* As notas numeradas estão reunidas no final do livro. (N.E.)

Na aurora da primavera de 1879, os canhões calaram-se há décadas. Os soldados franceses foram embora da cidade. De tempos em tempos, um contingente do exército prussiano vem desfilar pelo calçamento e lembrar a vitória sobre o invasor. Bismarck lavou a afronta. Bismarck derrotou o exército de Napoleão, o Pequeno. A Prússia não teme mais o inimigo hereditário. Desde 1871, um poderoso Império Alemão ergueu-se sobre as migalhas do Antigo Regime. Um novo Reich em marcha, o segundo. Uma nova Germânia está sendo construída. A força, a vontade, a submissão à autoridade constituem suas regras, editadas por Bismarck. O ódio da França também. O primeiro chanceler amordaçou qualquer oposição, esmagou as veleidades contestatórias dos democratas-cristãos, os sonhos de revolução dos socialistas. A Prússia comanda a Germânia nova. Um Império estende-se dos confins da Polônia aos da Áustria. Mas a Suábia pretende ficar longe do domínio berlinense. Qualquer vontade de hegemonia, qualquer ideia de revanche lhe é estranha. Os meandros e a força do Danúbio bastam para satisfazer seu ideal de poder e de beleza.

14 de março de 1879. Bahnhofstrasse, 135.* Eis onde tudo começou. Conhece-se desse tempo somente o que a história familiar relatou. A surpresa quando ele saiu do ventre materno. Seu crânio tinha um aspecto tão anguloso que a própria mãe ficou impressionada. "Esse crânio tão grande, não é grave doutor? Nosso pequeno Albert não é... anormal?"[2] O médico mostrou-se tranquilizador. Já era o começo da lenda.

A família tem de deixar a cidade um ano mais tarde por razões financeiras e instalar-se em Munique, onde encontrará trabalho. Nenhuma outra lembrança de Ulm permanece ancorada em seu espírito. Nenhum instante de alegria vem despertar a nostalgia da casa natal.

---

* Diante do número 135 ergue-se hoje, nesta alvorada do século XXI, uma escultura comemorativa, doze pedras verticais e doze horizontais, a ronda das horas do dia e da noite, dispostas em ângulo reto.

Contudo, a mera evocação dessa cidade provoca um encanto. Dessa região sem real atrativo, centrada em si mesma, vem-lhe talvez seu gosto pelas fugas solitárias, pela força que o anima e o fará manter-se de pé em meio às múltiplas tempestades. O desprezo pelo brilho falso, a desenvoltura, a displicência na maneira de trajar talvez tenham raiz na simplicidade dos lugares, na modéstia dos seres da sua Suábia natal.

Mas, sobretudo, a musicalidade do sotaque suábio, mistura de dialeto camponês e alemão literário, o acompanhará durante a maior parte de seus dias. É a língua que continuará sendo falada até os últimos instantes por Elsa Einstein, sua segunda esposa, aquela que provavelmente foi a mulher mais importante de sua existência. Aquela que viveu com ele a glória e a refutação e, por causa dele, a vergonha e o embuste. Elsa, esposa e prima. Aquela que o chamará incansavelmente, até os dias de Princeton, de "Albertle", da mesma maneira que, fiel ao sotaque de sua região de origem, ela terminava as palavras acrescentando um "le" impregnado de doçura. Sim, a voz de Elsa permanecerá como o eco permanente desse passado perdido. Um murmúrio doce e suave, parecido com a onda calma da água nas margens do Danúbio. A fonte de seus dias. No decorrer das décadas, cada palavra emitida pela boca da mulher da sua vida lembrará ao homem em perpétuo movimento, em exílio permanente, o lugar de onde ele veio. Até 1936, Elsa Einstein será a testemunha constante, a recusa do esquecimento. O canto de um mundo desaparecido.

Hermann e Pauline Einstein instalaram-se em Ulm pouco tempo depois de seu casamento. Na parte sudoeste da Alemanha, a região da Suábia, muito próxima da Alsácia e da Suíça. A calma daquela pequena aldeia tinha-os seduzido. Os muros da fortaleza inspiravam um sentimento de apaziguamento. O que poderia acontecer por trás das muralhas?

Hermann e Pauline haviam ido para lá na esperança de levar uma vida calma, garantir o dia a dia, fundar um lar. Enraizar-se numa cidadezinha como tinham feito antes deles, entre a Áustria e a Alemanha, seus pais e seus avós. Eles aspiravam antes de tudo a uma vida tranquila, passeios na natureza, prazeres da leitura e da música. Aqui, como seus pais, eles não notavam nenhum sentimento de hostilidade em relação às pessoas da sua religião. Eles eram judeus, e daí? Em 1869, os decretos de "emancipação" haviam sido promulgados. Os Einstein eram alemães como os outros. Há somente dez anos, é certo, mas para a eternidade. Nos campos, as comunidades judias viviam em perfeita harmonia com os camponeses e a pequena burguesia. Do judaísmo, tinham conservado apenas as virtudes da tradição. Essa preocupação um pouco irracional, mas bem presa à alma, de transmitir uma herança da História. Nada de ortodoxo, nada de obrigatório, nenhum aparato excessivamente visível. Não eram judeus da Galícia. Não viviam em guetos. Pauline e Hermann liam a Bíblia, comemoravam algumas festas, respeitavam, sem chegar ao dogma, as injunções do Senhor. À imagem de seus correligionários, tentavam unir amor à pátria e religiosidade. A ideia era, sem renegar nada de si, fundir-se na nação alemã, fazer parte do segundo Reich.

À noite, Hermann lia Heine, às vezes Schiller, enquanto Pauline tocava a *Patética*. Pauline adorava Beethoven, particularmente as sonatas. Toda sexta-feira, em conformidade com a Lei, como antes dela seus ancestrais, Pauline Koch acendia velas antes do cair da noite. Estendia as mãos trêmulas de devoção para a luz. Seus lábios murmuravam preces voltadas para o céu. Suas preces, o Eterno escutaria. Em sua grande mansuetude, Ele concederia décadas de saúde e felicidade aos Einstein e velaria por seus próximos.

Essa herança familiar, feita de respeito e abertura para o mundo, o filho Einstein formulará assim:

> O judaísmo não é uma fé. O Deus judeu significa uma recusa da superstição e uma substituição imaginária desse desaparecimento [...]. Não se exige nenhuma crença do judeu, mas sim um respeito pela vida no sentido suprapessoal [...]. O respeito excessivo à letra esconde uma pura doutrina [...]. Mas existe um outro valor na tradição judaica que se revela magnificamente em numerosos salmos. Uma espécie de alegria embriagadora, um maravilhamento diante da beleza e da majestade do mundo.[3]

Do clarão de êxtase que atravessava os olhos da mãe na hora do crepúsculo do Shabat, ele enxergava o reflexo na luz das velas acesas, numa mistura de graça e solenidade.

Se, naquele instante, prestasse atenção ao olhar do pai, Albert entreveria sobretudo a marca do ceticismo. Mais do que uma presença divina a cujo respeito ele se mostrava descrente, Hermann via principalmente se acenderem as luzes do próximo século. Hermann Einstein sonhava em vender dínamos elétricos, dínamos que ele fabricaria em sua pequena empresa junto com o irmão Jakob. A Alemanha inteira, a Europa, o mundo entrava na era industrial, a era da eletricidade. Hermann estaria nessa revolução tecnológica. Ele iluminaria as ruas de sua cidade. Hermann sonhava em iluminar a Europa inteira.

O pai de Albert nascera em 1847, num vilarejo dos Alpes, próximo de Ulm. Adolescente, como mostrasse alguma disposição para as matemáticas, seus pais tinham-no enviado para um ginásio de Stuttgart. Por falta de dinheiro, não puderam pagar-lhe estudos de engenharia na universidade. Foi obrigado a começar a trabalhar. Ele se casou, um pouco tarde para a época, com quase trinta anos. Sua mulher, Pauline Koch, tinha onze anos a menos do que ele. Pauline era originária de uma família mais abastada, vinda da região do Wurtemberg, que fizera fortuna no tempo da corte real.

Mas Hermann tinha seu orgulho. Não iria viver às custas da família dos sogros! Em Ulm, Hermann esperava trabalhar, abrir uma fábrica. Montar sua pequena empresa. Conseguir o sustento da família. Hermann tinha gostos muito simples, que Albert provavelmente herdou. Ele apreciava os longos passeios em família pelas florestas, os passeios no lago. Gostava de boa comida; a cozinha suábia, tão rica, convinha-lhe às maravilhas. Também adorava ler. Heine, orgulho dos seus, um judeu que ultrapassava os poetas alemães, e Schiller, evidentemente. Queria filhos. Fundar uma família. Não muito numerosa. Não era mais hora de um monte de fedelhos. Dois filhos, talvez três se Pauline insistisse. Duas crianças, sendo um menino, é claro.

Ele pensa em Ulm, que não conheceu.

A escolha dessa cidade contém um tesouro. Eis o símbolo da vida com que sonhavam seus genitores. Ele passou longas horas escutando a mãe lhe contar como haviam chegado ali, ela e Hermann. O relato do caminho percorrido por seus pais até Ulm, onde haviam largado as malas, o encantava. Adulto, ele atravessará o mundo, conhecerá os faustos das capitais, o formigueiro das cidades, jamais escolherá realmente o lugar onde estabelecer seus dias, deixará sempre a História decidir em seu lugar, mas permanecerá para sempre intrigado, fascinado pela escolha de seus pais. Sem a marcha da História, teria passado sua vida em Ulm. Lá onde se estabelecera o sonho de Hermann e Pauline Einstein. Albert via nisso uma espécie de desvelamento de uma verdade essencial. Viver no lugar onde o dia nasce, onde a noite cai. Onde o tempo nunca cessa verdadeiramente. Ulm, pequena cidade protegida por muralhas, abrigada do tempo, acabará sendo o único lugar que os Einstein terão escolhido viver.

No número 135 da Bahnhofstrasse, ele soltou seu primeiro grito. Nada naquele grito anunciava uma mudança na ordem do mundo e dos planetas. Nem de alegria nem de tristeza, tampouco um grito de raiva. Apenas o sinal de que ele estava ali, presente no mundo, pronto para lutar pela vida que chegava, em condições de enfrentar seus próximos, do alto de seus cinquenta centímetros. Um grito para expressar que nada mais será como antes e que expira no tumulto e na alegria celebrada por um nascimento.

E não restava nada, naquela primavera de 1955, do número 135 da Bahnhofstrasse. As paredes do quarto haviam sido reduzidas a poeira, o prédio destruído, devastado pelas bombas. Como o resto da rua. E grande parte da cidade. E grande parte de sua vida. Do grito primal, o que restava? Dor do parto que o havia precedido, exclamações de alegria que o haviam seguido? O que sobrevivera às tempestades do século? Um nome? Uma obra? Uma visão do mundo? Uma fotografia célebre reproduzida em milhões de exemplares na qual um homem estira a língua? O surgimento de um cogumelo de fumaça elevando-se no céu, anunciador de um inverno nuclear? Uma careta lançada na cara do mundo como para zombar do lado trágico da História? Do primeiro grito ao último suspiro, de Ulm a Princeton, quantas tempestades enfrentadas, disparos de um coração apaixonado, jogadas da sorte, jogadas de dados! Jogadas de gênio. O que restava? Uma fórmula mágica? Uma vida igual...?

Ulm, 1879. Infelizmente, no meio da fortaleza, nessa cidade que vivia como se estivesse fora do mundo, o trabalho era raro. Aqui, desconfiava-se da técnica. Para que serve construir dínamos se os cachimbos fazem a glória da cidade? O progresso jamais transporia as portas da cidade. Um ano se passou. As imagens de dínamos empilham-se na mente de Hermann. O encantamento dos primeiros instantes dá lugar ao cansaço. Render-se à evidência: a fábrica jamais veria o dia. Na pequena oficina, vende-se tudo e qualquer coisa. As dívidas acumulam-se. No crepúsculo, Hermann percorre as ruas da cidade. Ele tem a sensação de que a chama nua dos bicos de gás vai queimar ali para sempre. Mal desembarcados, teriam de partir outra vez. Pauline estava grávida de uma segunda criança. Era preciso enxergar mais longe. Uma cidade, ruas intermináveis, ainda desprovidas de lampadários elétricos. Calçadas inumeráveis, mergulhadas na penumbra, a serem iluminadas. Suficientes para encher cadernos de encomendas durante uma vida inteira. Ele abre um mapa sobre a mesa pela décima vez. Uma cidade, mas qual? Sua mão vagueia pela folha. A indecisão o imobiliza. Convém não se afastar demais. Ficar próximo de suas raízes. Evitar os desnorteamentos. Escolher uma cidade no meio das montanhas. Continuar perto de florestas e lagos. Partir para o oeste? Stuttgart oferecia-se como a solução ideal. Mas ele conhecia Stuttgart. A evocação da cidade deixava-lhe um sabor de descumprimento. Ele se revê fazendo as malas. Rememora as discussões dos pais, escuta-os fazendo e refazendo as contas. Encerram a discussão com a morte na alma. Hermann vai ter de voltar. Eles não dispõem de dinheiro suficiente para permitir ao filho prosseguir os estudos de engenharia na universidade. Stuttgart é sinônimo de fracasso. Partir para o leste. Sobre o mapa, um outro ponto está cercado de vermelho. A Baviera é muito próxima da Suábia. Eles se sentirão em casa. Munique? Que seja Munique! Graças aos Einstein, Munique se tornará uma cidade de luzes. Adeus, montanhas suábias. Um último passeio pelas margens do Danúbio. Adeus, Ulm, 1880.

Uma infância alemã

Albert não está mais sozinho de agora em diante. 1881. Uma menina nasceu do ventre de Pauline. Maria é seu nome. A casa dos Einstein celebra um nascimento. Um sentimento de alegria inunda a pequena família. Maria veio ao mundo. Vão apelidá-la bem depressa de Maja. Ela será sempre Maja. Albert não é mais o único e nunca mais o será. Maja não o deixará mais. Será sua confidente, a fiel entre os fiéis. Vai se casar com o homem que ele lhe apresentou. Vai se juntar a ele na América. Viverá perto dele. Dará o último suspiro diante dele. Será sua primeira biógrafa, em 1924, a primeira a querer gravar na lenda a história do gênio do século. Partilharão juntos, durante toda a vida, os acessos de risos e as torrentes de lágrimas. Agora que os dois já andam, descobrem a casa que Hermann alugou no subúrbio de Munique. Exploram os quartos do andar de cima, percorrem o grande jardim. Hermann não poupou despesas. A casa é ampla, o jardim arborizado.

Pauline e Hermann não escolheram morar em pleno centro de Munique. Guardaram da região suábia o gosto pela calma, pela vida sossegada, pela natureza. Moram num imóvel da Adreiterstrassel, cuja arquitetura lembra as casas de vilarejo. Aos domingos, partem para visitar as florestas da vizinhança, deslizam de barco pelos lagos, escalam alguma colina. Em certos domingos, percorrem a cidade. Atravessam a grande avenida de Prinzregentrenstrasse, passeiam no parque Englischer Garten. Tomam chocolate quente no terraço lotado do restaurante do Aumeister vendo os fiacres passar. Voltam tomando o bonde na Ungerstrasse. Como Munique é bonita. E acolhedora. Finalmente, eles se sentem tão bem quanto em Ulm. Poderiam residir ali até o fim dos dias.

A vinte quilômetros dali, um pouco a leste, fica uma cidadezinha chamada Dachau.

A casa é ampla, um quarto pôde ser reservado para o tio Jakob. Jakob é o sábio da família. Tanto quanto Hermann é diletante, Jakob é cheio de ardor pelo trabalho. O caçula conseguiu contar com a ajuda dos pais e terminar os estudos de engenharia. É apaixonado por matemática e física. No silêncio de seu quarto, frequentemente perturbado por alguns risos de crianças, ele criará um dínamo elétrico. Com Hermann, elaboram os planos da oficina. Fazem cálculos. Estão prontos para montar a empresa de instalação elétrica. O pai de Pauline, Julius Koch, adianta os recursos. O dinheiro deve servir para alguma coisa. Escolhem um local em plena Munique. É lá que se ergue a empresa dos irmãos Einstein. Jakob cuida da engenharia, Hermann faz a contabilidade. Pouco tempo depois, ali se elevará um consórcio. "Einstein e companhia". Depois de Munique virá Stuttgart, em seguida Berlim. O futuro lhes pertence. A Alemanha entrou com toda força na era da industrialização. O desenvolvimento da estrada de ferro faz de Munique um dos grandes cruzamentos da Europa central; sua população ultrapassa trezentos mil habitantes. Os campos esvaziam-se, e Munique prospera. Munique ilumina-se. Um dia, com certeza, o Kaiser virá entregar a medalha da cidade aos Einstein. 1882: Hermann vê Munique cor-de-rosa.

Albert tem três anos. Nenhuma palavra sai de seus lábios. Permanece só e silencioso construindo castelos de cartas. Às vezes, interrompe-se e começa a berrar, tomado por acessos de raiva que os outros acham que herdou do avô. Seu crânio tão grande já suscitara perguntas, agora é seu estado mental que preocupa. Um doutor é consultado. O médico examina a criança. Os reflexos são normais, embora um pouco intensos. A pupila se retrai com a luz. O andar, embora um pouco desajeitado, continua dentro dos padrões. Não, nada parece estar errado no cérebro de Albert. Os temores não foram totalmente aplacados. Por que o filho do divertido Hermann e da terna e sociável Pauline exibe um temperamento tão taciturno? Por que, com o passar dos meses, ele demonstra essa falta de gosto pela brincadeira, mesmo no meio dos meninos de sua idade? Por que razão seu rosto apresenta com tanta frequência a máscara do tédio? E por que esses gestos marcados por um peso incomum, a ponto de a babá apelidá-lo de *Pater Langweil*, Pai Urso? Ele também não brinca com ela. Raros são os instantes em que o olhar da criança se ilumina. Mas há um em particular... É este: mergulhado no devaneio, Albert levanta a cabeça e fixa os olhos no mundo dos adultos, onde um milagre está em vias de acontecer. Albert presta atenção. Solenemente, com uma espécie de devoção no rosto, ele contempla a mãe sentada diante do piano. Os dedos de Pauline voam acima das teclas, Mozart enche a sala. Vendo a criança assim, acredita-se que foi tocada pela graça. A música: eis o que o afasta do tédio.

E como se pressentisse que na travessia dos mundos um piano seria impossível de transportar, ele optará por um violino. Jamais se separará dele. A música, a que ele escutará, a que ele não cessará de executar com uma virtuosidade incontestável, será para sempre um dos encantamentos de sua existência. Ele interpretará Schubert no Carnegie de Nova York, tocará música de câmera com a rainha da Bélgica, compartilhará em Zurique árias de Bach com seu filho acometido de mutismo, tocará, já um ancião solitário, em Princeton, diante de um parque florido.

Ele ouve a mãe na *Patética*. Extasiado. Um simples movimento de mão sobre as teclas emite um som que o transporta. Há magia no ar.

Está com cinco anos. Uma preceptora particular vem para lhe dar aulas. Em outras horas da semana, um professor de violino transmite-lhe seu saber. Essas horas junto do mestre de música lhe são caras. Foi um choque a primeira vez que ele ouviu o som que o arco produzia nas cordas. A coisa vibra dentro dele intensamente. É claro, as primeiras aulas revelaram-se tão insípidas quanto as aulas de grego recebidas na escola. Mas ele insiste, com o pressentimento de que a arte esconde a promessa de uma grande alegria. Aos treze anos, aprendeu as sonatas de Mozart. Durante a vida inteira, seu arco, a música em geral, lhe propiciarão uma alegria que não se compara a nenhuma outra.

Um outro milagre opera-se em seu espírito. O pai lhe dá uma bússola. Uma bússola, o que pode ser mais comum para as crianças? Para Albert, o quadrante provoca um magnetismo de uma amplidão espantosa. A imobilidade da agulha o desorienta, faz sua cabeça girar. Aquela agulha reencontra invariavelmente sua orientação, seja qual for a rotação aplicada ao caixilho. E se ela resiste ao poder da mão do homem, à manipulação mais intensa, certamente é porque uma força exterior age sobre ela, uma força mais poderosa do que o poder humano. Reina no ar um poder invisível! Para o menino que dirige sempre o olhar para o vazio, isso significa muito. Assim, desde ainda bem jovem, ele acredita numa força superior. Mas não é a mão de Deus que vira a agulha. É outra coisa. A força do homem não é a única no universo.

Eis a lembrança que lhe deixou o objeto e a maneira como, meio século mais tarde, ele relatará a experiência:

> O fato de a agulha comportar-se de maneira tão determinada não correspondia ao curso normal das coisas, não sendo possível incluí-lo num mundo conceitual inconsciente (em que o efeito estivesse ligado a um "contato" direto). Eu lembro ainda hoje – ou ao menos creio lembrar – que esse acontecimento me deixou uma impressão profunda e duradoura. Devia, pois, existir por trás das coisas algo de profundamente oculto.[1]

A noção de "força à distância", que ele descobre aplicada à agulha, será décadas mais tarde a base de sua teoria da gravitação.

Daí a dizer que uma bússola teria mudado a compreensão da marcha dos planetas... O eco que esse relato conservará entre as gerações seguintes, a maneira como Einstein conseguiu integrá-lo à própria lenda, variante técnica, moderna, da Madeleine proustiana, demonstra, além da precocidade da criança, que o Prêmio Nobel de Física tinha igualmente o dom da encenação.

Sete anos: está na hora de ir para a escola. É preciso confrontar-se com o real, chegar perto dos outros. Hermann e Pauline depositam muita esperança no sistema educativo. Em contato com as outras crianças, Albert se revelará, encontrará razões para se divertir, se abrir, sorrir. Quem sabe a autoridade dos professores, a vontade de aprender retirarão essa languidez que consome o rosto da criança? Talvez também, espera-se, Albert venha a perder este curioso hábito que intriga e preocupa a família: cada frase pronunciada em voz alta, Albert a murmura uma segunda vez, como para si mesmo.

Dia de escola em Munique. A criança caminha para o prédio, ar ausente, absorto, petrificado. Seu olhar se perde cheio de tristeza na fria luminosidade da noite dissipada. Ela avança pelo caminho como quem vai para o matadouro.

Transpõe, de cabeça baixa, os estranhos corredores que levam às salas de aula. Entra em uma sala de aula de paredes descascadas, desprovidas de qualquer ornamento, qualquer desenho. Do cheiro nauseabundo que reina na classe, ele se lembrará pelo resto da vida. Um ar gelado penetra pelas janelas nas manhãs de inverno.

Nada disso se compara com a tutela dos professores. O ensino da época! Uma atmosfera marcial reina até nos primeiros anos de escolaridade. Dava para acreditar que

Bismarck se escondia por trás de cada um dos mestres. Os professores pareciam ter recebido como missão formar um exército de jovens submissos, maleáveis, arrumados, obedientes, respeitosos da ordem existente. A palavra do mestre era evangelho. A curiosidade, o entusiasmo, o espírito crítico foram banidos. Era uma visão só dele? Ele era uma criança inadaptada a qualquer vida social? É revelador ler as páginas que, em sua autobiografia, *Le monde d'hier* [O mundo de ontem], e mais particularmente no capítulo intitulado "A escola do século passado", Stefan Zweig[2], nascido dois anos antes de Einstein, dedica ao tema. Seus ressentimentos são semelhantes aos de Einstein a respeito da educação alemã da época; as mesmas recriminações expressas faziam rimar educação dos espíritos com opressão das consciências.

Mas a frieza dos professores não é a única questão: Albert detesta se misturar com as outras crianças. Albert continua sendo uma criança solitária. Albert não participa das brincadeiras de sua idade. Albert se vê dentro de um mundo esmagador, gelado, ensurdecedor. À algazarra, à brutalidade das brincadeiras de meninos, ele prefere a calma de uma leitura solitária. Não brinca no pátio, não acompanha as crianças nas saídas semanais. Em Munique, é costume toda semana os soldados desfilarem pisando com força no calçamento ao ritmo dos tambores. A multidão aplaude, a garotada vai atrás da marcha repetindo o passo dos mais velhos. Albert observa de longe a diversão. Ele afirma sentir pena dos outros alunos. Sente que não possui a alma de um futuro soldado. Detesta a fanfarra. A música militar lhe provoca arrepios.

Contudo, ninguém jamais manifestou qualquer violência a seu respeito. Na *Volkschule*, a escola primária, consideram-no um simples e doce sonhador. Único judeu da escola onde o catecismo era matéria obrigatória, nunca sofreu o menor sinal de ostracismo. Nenhum traço de hostilidade em relação ao povo supostamente deicida nos discursos do padre. Nenhuma vez, durante as aulas de instrução religiosa, às quais ele assiste sem reclamar, o mestre o acusou de ser responsável pela morte de Cristo. Ele aprende conscienciosamente a história do Novo Testamento. De resto, conservará para sempre uma singular simpatia pela figura de Cristo, da mesma maneira que Spinoza e Marx comporão, aos seus olhos, figuras de seu povo e modelos.

Entretanto, no meio das cores foscas da tinta e da poeira, inscreve-se, em filigrana, a lembrança de observações acerbas emanando dos coleguinhas quanto a suas origens. Nenhum traço de brutalidade, de rixa, de choques particulares. Apenas a ferida invisível de palavras assassinas. A mágoa inconfessável das injúrias e das humilhações. Como ao se ler o *Ô vous, frères humains* [Oh vocês, irmãos humanos], de Albert Cohen, cuja escrita foi desencadeada à mera lembrança de uma ofensa recebida na infância. Einstein escreverá:

> Quando a criança judia vai para a escola, ela nota imediatamente que se distingue das demais crianças e que estas não a tratam como um dos seus [...]. O sentimento de estranheza pode muito facilmente vir acompanhado de certa hostilidade.[3]

Suas relações com a religião judaica são compatíveis com seu temperamento. Excessivo, exagerado, descambando por vezes para o grotesco, mas sempre inteiro. Desde que Albert alcançou a idade de ler, um aluno rabino vem regularmente lhe dar aulas de Torá. A criança se mostra muito assídua, apaixonada pela história bíblica, fascinada pela ideia de uma força superior regendo o mundo. Dará prova de uma piedade fora do comum, que ultrapassa a tradição familiar e faz o pai ironizar. Albert chegará a compor preces ao Eterno, a inventar salmos de um lirismo surpreendente, nos quais rende graças a Deus por ter criado o universo. No entanto, esse fervor quase místico desaparecerá de maneira súbita e inexplicável com a idade de doze anos. No lugar dele e por duas décadas, Einstein exibirá uma desconfiança visceral a respeito de toda forma de ortodoxia. Torna-se uma espécie de adorador do livre pensamento, um ateu fanático. "Foi só depois que cheguei a Berlim que me senti outra vez judeu", ele escreverá, "e sobretudo por causa do olhar dos outros".[4] Einstein judeu sartriano, a ideia é sedutora, mas descartada e redutora, haja vista o engajamento posterior na causa sionista.

Doze anos: Albert rompe com o Deus de seus pais. Finda a crise mística. Findas as preces ao Eterno. Albert está em vias de descobrir um outro objeto de devoção: a geometria euclidiana. À leitura das páginas dessa primeira obra, ele cai em adoração, conhece uma espécie de êxtase, de maravilhamento, uma verdadeira iluminação. Evocando essa descoberta e o manual de geometria, ele fala de um "livrinho sagrado". Olha os desenhos do teorema de Pitágoras com a mesma reverência que, pouco tempo antes, ele se perdia na representação das Tábuas da Lei. As linhas retas dão um novo sentido à sua existência, oferecem novas linhas de pensamento. A pureza dos círculos, a evidência dos axiomas o transportam do mistério das esferas celestes às profundezas da abstração e da especulação pura do conhecimento. Ele se dedica a essa nova religião, religião do saber, com a mesma devoção com que se oferecia ontem ao Deus da Bíblia. Suas preces simplesmente se dirigem, de agora em diante, a si mesmo. Seu coração, cansado de Deus, não mais invocará os anjos. Seus salmos serão mensagens cifradas.

Mas a "conversão" de Einstein modificou-o verdadeiramente? Naquele dia, como na véspera em que era crente e até seu último suspiro, o que ele procura antes de tudo são as chaves do universo.

Munique, 1891. Já faz dois anos que o Luitpold Gymnasium abriu-lhe os portões. No interior desse ginásio, ele vive como um recluso. Reina aqui uma mão de ferro. Aqui se utiliza uma máquina de educar em vez de um instrumento de pensamento. E se falamos de "disciplina científica ou literária", ouvimos sobretudo o termo "disciplina". O grego e o latim são as colunas do aprendizado. Einstein lhes tem uma absoluta aversão. As matemáticas, nas quais Albert começa a se destacar, representam uma matéria secundária. Ninguém está aqui para refletir. Vem-se para cá a fim de aprender. Recitar em vez de raciocinar. Refletir por si mesmo é considerado um ato de rebelião. Einstein relatará:

> Os professores tiveram para mim na escola primária o papel de sargentos, e no ginásio o de tenentes. [5]

A barulheira dos garotos no pátio, as desagradáveis inflexões de autoridade dos mestres fazem no seu espírito uma balbúrdia bastante estranha. Para Einstein, todas as manhãs, quando toca o sino, é Mozart que está sendo assassinado. O único raio de esperança é dispensado através da fresta da porta do professor Ruess. Albert deleita-se com sua aula aberta sobre cultura moderna. Goethe, Schiller, Shakespeare, que ele leu muito jovem. Mas as horas de aula do professor Ruess são breves, e a agonia de Einstein é imensa.

Volta para casa sozinho. Não sente nenhuma satisfação em se divertir com os colegas de classe. Conservou das primeiras horas da infância o gosto pela solidão. Vai encontrar seu próprio campo de brincadeiras. Esse domínio interior é a ciência. Ele brinca com o tio Jakob, que o inicia nas regras da álgebra. Albert faz malabarismos com as cifras. Descobre com encantamento o que escondem as florestas de números. Mergulha nos meandros das torrentes de cifras. Em seu espírito, as figuras matemáticas parecem representar, cada uma, seu próprio número. Com doze anos, tem a impressão de abrir o livro dos livros ao retomar o manual de geometria. Não se cansa de folhear a obra. As figuras parecem desenhar para ele a silhueta de personagens romanescas. Os enunciados abrigam fórmulas mágicas. Ele acabou de abandonar os dogmas da religião mosaica, mas logo em seguida recuperou uma terra prometida.

Toda sexta-feira à noite, como quer a tradição familiar, os Einstein acolhem para o Shabat um estudante sem dinheiro. Nesses anos em Munique, será um estudante de medicina vindo da Polônia que seus pais vão receber para a celebração ritual. O rapaz se chama Max... Talmud. Ele dá manuais científicos para a criança ler. Albert devora tudo, da corrida das estrelas ao nascimento dos dinossauros, e mergulha exultante nos mistérios do universo escondidos atrás de cada página. Talmud fica fascinado com a curiosidade do menino. Ele o conduz a leituras cada vez mais árduas. Chegará até a fazê-lo descobrir Kant. Depois de alguns meses de aprendizado, o estudante de medicina confessará que se sente ultrapassado pelo aluno...

A vida em Munique encarna a felicidade familiar. Os tijolos da casa bávara respiram uma época abençoada, única. Os Einstein estão reunidos. A família completa. Em toda a sua existência, nunca mais se repetirá um período de felicidade como esse. Hermann está sentado na poltrona da sala, com uma cerveja na mão. Escuta, com um grande sorriso estampado nos lábios, Pauline tocar um prelúdio de Bach. Albert acompanha a mãe com o arco entre as mãos. Maja aplaude alegremente, assim que soa a última nota.

Hermann está feliz. Seu sonho se concretiza. Os irmãos Einstein montaram a empresa de fabricação de lâmpadas elétricas de Munique. Em seguida, passam à fabricação dos dínamos cujos planos foram desenhados por Jakob. Lâmpadas de arco saem todos os dias do estabelecimento. Eles fornecem eletricidade para um bairro inteiro de Munique. Cinco mil postes de iluminação confeccionados pela empresa iluminam as ruas da cidade. Seu concorrente se chama... Siemens. A empresa precisa crescer para responder à demanda.

A felicidade não dura.

1894. Tiveram de fazer um empréstimo de dezenas de milhares de marcos. Endividaram-se por uma eternidade. Hermann, medíocre diretor comercial, avaliou mal os lucros e as perdas. 1894: dá-se a falência. Fecham as portas. Os Einstein não serão as luzes da Alemanha nova.

A casa tem de ser vendida. Pensam em se instalar em um outro país. Aqui, a competição é rude demais. Os Einstein não se sentem mais capazes. Consórcios estão se formando, tomando os mercados. Farben, AEG... como lutar? Hermann acha que tem a solução. Hermann não desiste jamais. Dará sempre mostras de um indestrutível otimismo. A Alemanha está fora do alcance? É preciso atravessar a fronteira. Ir levar a luz para o outro lado dos Alpes. A Itália está na via da modernização. Os alemães ainda não conquistaram a península. Os irmãos haviam instalado lá uma pequena representação. A rica família de Pauline tem contatos em Milão. Decidem partir. Vão se estabelecer em Pávia. A Siemens ainda não chegou em Pávia.

Albert está com quinze anos. Não fala uma palavra de italiano. O aprendizado de línguas não é seu forte... Ainda vai precisar de três anos para obter o certificado de conclusão do estudo secundário. Três anos no ginásio. Três anos suportando o sarcasmo dos colegas diante de sua repulsa pelos esportes de combate. A gozação sobre seu nome. E ademais, no horizonte desses três anos, há, sobretudo, o espectro que se mostra a Albert como a noite dos tempos: a incorporação no exército. O pesadelo absoluto; tudo o que ele odeia e despreza: a disciplina, a ordem, a soldadesca, a brutalidade prussiana, a música militar, a parada. Em uma palavra, o espírito de guerra.

Albert decide permanecer em Munique. Não quer sacrificar seus estudos. Sua sede de conhecimentos é mais forte do que o medo do uniforme, mais sólida do que a aversão aos métodos de aprendizado. Vai ser pensionista de uma família muniquense. Assiste, com o coração apertado, à partida dos seus. Algum tempo antes, tinha visto, de mãos dadas com Maja, abaterem as árvores que eles haviam amorosamente plantado no jardim e depois, com lágrimas nos olhos de adolescentes, destruírem a casa. Ao voltar sozinho ao local, seu olhar percorreu toda aquela extensão, seus olhos viram o vazio diante dele. Contemplou o chão tantas vezes pisoteado correndo atrás da irmã. Ficou ali se sentindo acorrentado àquele lugar onde só o esquecimento existia. Atravessou a rua. Caminhou para o ginásio como quem vai para a penitenciária. Bem depressa as correntes ficarão pesadas demais para carregar. Com o passar do tempo, o caminho para o liceu parece-lhe longo e semeado de emboscadas. Assombrações do passado, como *dibbuks**, enviam-lhe sinais para ele matar a aula, deixar as ruas cinzentas de Munique onde seu coração se resseca. A nostalgia o invade numa aula ao acaso. Seu espírito evade-se pela janela entreaberta na direção de horizontes de luz. A nostalgia é muito forte. Encheram-no demais de amor para que ele agora consiga viver de pão seco de sentimentos. O rosto dos professores mostra-se fechado demais, severo demais, quando lhe vem a lembrança do sorriso de sua mãe. Nada justifica que ele viva aos quinze anos separado dos seus num país que ele detesta, no meio de pessoas que lhe são estranhas. Pouco a pouco, perde o sentimento das conveniências impostas. Não joga mais o jogo. Infringe as regras. Ousa responder, recusar as ordens. Revolta-se contra as injunções dos professores. O jovem Einstein é insubmis-

---

* O *dibbuk*, termo forjado pelos cabalistas a partir da expressão *dibbuk me ruach raa*, designa um espírito maligno ligado a um indivíduo. Trata-se de uma alma danada que se insinua dentro do corpo de um vivo para expiar seus pecados, ou da alma de uma vítima de injustiça que entra no corpo de um próximo para exigir reparação da ofensa.

so. Dá a impressão de ter perdido o juízo. Está simplesmente se sentindo despossuído do que lhe é caro. Subestimara sua capacidade de resistência. Acreditara ter acabado com as tolices da ligação familiar. Pensava ter cortado os elos. Ser um adulto talvez. Não obedece mais àquele templo de submissão. Comporta-se como um menino sem educação. "Ninguém vai conseguir nada que preste de você, Einstein", todos conhecem desde então a célebre observação de um professor de grego visionário... Suspeita-se que o insubmisso exerça má influência sobre os colegas. Passam-se os meses. O calvário prossegue. Albert perdeu o senso da felicidade, a capacidade de rir, ignora os divertimentos de sua idade. Longe dos seus, ele passa ao largo da vida. Amplia-se o fosso entre os ginasianos e ele. Nunca foi um deles. Mas ele se pertence ainda? O irmão de Max Talmud, médico estabelecido, redige um atestado impondo-lhe repouso de seis meses por depressão nervosa. Recomenda-lhe uma estadia na casa da família na Itália. Ele precisava de fato de um atestado desses para tomar a decisão? Foi outra vez convocado pelo professor de grego. Este quer pôr um ponto final na experiência. O mestre recomenda sua partida da escola! A razão explícita dessa "expulsão": com sua simples presença, Albert enfraquece a consideração dos estudantes pela ordem estabelecida! Albert Einstein, um fator de desordem, anarquista potencial! Foi banido. Foi salvo. Albert tem quinze anos, está livre. Ele deixa a Alemanha! Parte para encontrar sua família querida. Encontrar Maja. Ouvir de novo as sonatas tocadas pela mãe. Resolver outra vez os enigmas do tio Jakob.

Da janela do trem, ele vê desfilar as paisagens da Áustria, as montanhas de cumes nevados, as florestas de árvores imensas que mergulham a cabine na semiobscuridade. Ouve o ruído de um túnel. E depois a luz, viva, quase cegante, inunda a cabine. Pairam acima de um vale. Ele abre a janela. Faz uma profunda respiração. O ar da floresta o embriaga. O alento que entra com força tem sabor de liberdade. Está com quinze anos. Vai voltar a ser uma criança, mas foi um ato de homem que ele realizou. Foi ele que disse não. Está pouco ligando para o futuro. O futuro está adiante dele. Não das salas de aula escuras e vetustas de onde ousou fugir. O futuro lhe pertence. Não tem um tostão e, dentro de um trem de partida em direção a uma família arruinada, privou-se ele mesmo de qualquer ideia de diploma, renunciou ao diploma do secundário, aos estudos superiores, sem falar uma palavra de italiano. Abre os olhos maravilhados diante do encantamento da paisagem. Como a montanha é bonita! Como a vida é grandiosa, como era estreita a visão do mundo da qual acaba de fugir. Nunca mais voltar para lá. Nunca mais ter de obedecer a ordens lançadas em prussiano. Ir até o final de sua determinação. Ousou romper com Deus aos doze anos. O que é, portanto, romper com o Reich? Está com quinze anos, nada possui além da impetuosidade de sua adolescência. Vai tomar uma decisão de uma coragem inacreditável e amadurecê-la durante toda a travessia dos Alpes – uma decisão surpreendente de determinação. E, como de costume, só pesará os prós. Adentra o lugar nenhum naquele trem andando a toda velocidade. Abandona tudo atrás de si. Deixa a única coisa que continuava sendo sua. Não quer ficar com nada do país que está deixando. Decide abandonar a cidadania alemã. É o ato de um jovem louco. Apátrida aos quinze anos! Como pôde ousar? Uma vez tomada a decisão, ele olha para trás pela janela e, pronto, não se transformou em estátua de sal. Nenhum relâmpago veio fazer o raio cair em cima dele. Ao contrário, sente-se mais leve, como se tivesse jogado fora um fardo pesadíssimo. Em sua mente, Einstein não é mais alemão. Sabe o que significa sua decisão. Sabe que, três anos mais tarde, um oficial chamará seu nome em uma caserna muniquense. E que só o vento soprará à chamada desse nome. Sabe que se tornará desertor. Nunca mais, provavelmente, poderá retornar ao país que o viu nascer. Está pouco ligando. Melhor: essa perspectiva o enche de alegria.

No reflexo do vidro, ele se olha. Ele se vê sorrindo. Provavelmente, é a primeira vez que sorri nos últimos meses. Tornou-se um homem. É livre. Enquanto o trem atravessa a fronteira italiana, uma questão lhe vem ao espírito. Como dará a notícia ao pai? Revê a figura afável do pai. Sua preocupação não dura mais do que uma volta da roda. Um lago ao longe produz uma espécie de mancha azulada no meio da escura floresta. Einstein revive.

Desembarca na plataforma de Pávia. Sua determinação está intacta. Fugiu da escola, deixou seu país, decidiu tornar-se apátrida. Mas nunca se sentiu tão confiante. O sol ilumina o lugar onde ele pousa os pés na estação. A luz, intensa claridade quase cegante, acompanha-o até a casa familiar. É festejado, fazem-lhe perguntas. Perguntam-se, preocupam-se. Desertar? Tornar-se apátrida? Não existe uma maneira melhor de entrar na idade adulta? Vai para o terraço, contempla o azul do céu, apanha seu violino e toca uma cantata. Hermann e Pauline olham para ele. Talvez uma suspeita de admiração perpasse pelo sentimento de preocupação. Afinal, o que pode acontecer com uma garoto tão temerário? Um garoto que se recusa a servir o Reich de Bismarck não pode ser um mau filho.

Albert escolheu renunciar à cidadania alemã! A outra razão, confessada, reivindicada, é sua recusa a servir nas fileiras do exército do Kaiser, que ele julga interessado demais numa guerra. 1914 não está tão longe.

Seria possível perceber uma forma de covardia nessa deserção. A intrepidez que Einstein exibirá décadas mais tarde diante das ameaças nazistas, quando será o alvo privilegiado da Gestapo, mostra que essa deserção não é o ato de um poltrão querendo simplesmente escapar do serviço militar. Constitui, ao contrário, o primeiro ato político de um homem que afirmará ter duas paixões na existência: a ciência e a política. Encarna um pensamento político precoce, que ele desenvolverá sozinho contra todos, ou quase, nos períodos de frenesi guerreiro que se anunciam. Inaugura seu primeiro movimento de insubmissão.

Será que o gênio científico tem também o dom de visionário? O passaporte alemão que ele não quer mais, a nacionalidade que rejeita por conta própria aos quinze anos de idade, cerca de cinquenta anos mais tarde serão considerados indignos por seus correligionários.

Com quinze anos, ao mesmo tempo em que aborda as leis da física, antecipa-se às leis de Nuremberg. Einstein teria o instinto absoluto?

Bota o pé nas calçadas de Milão, nada se mexe ainda no frontão dos prédios, percorre as ruas da cidade, contempla as igrejas, detém-se nas praças, vagueia em volta das fontes. Abraça a alvorada primaveril. Pouco a pouco, os caminhos se animam. O sol faz brilharem as vidraças de um palácio. É uma iluminação. Lembra-se do ar cinzento de Munique. A bruma da Baviera dissipa-se ao sol da Itália. Ele reencontrou sua família. Está descobrindo um país. Seu coração adolescente bate outra vez. Abraça longamente a mãe no umbral da porta e beija Maja. O pai o aperta nos braços. Comem. Bebem. Tocam música. Não teve muita necessidade de se explicar. Pauline fica um pouco preocupada com uma decisão tão intempestiva. Hermann não pestaneja. Maja está contente. Ele ficou por algumas semanas. Depois quis viajar, conhecer aquele país pelo qual se sente seduzido. Ele viaja.

Tomou o trem para Gênova para ir ao encontro de uma avó que mal conhecia. Atravessa ravinas, rios, contorna montanhas. Para em um vilarejo. Observa as pessoas falarem. A melodia da língua o encanta. A gestualidade das mãos age como um sortilégio. Os gritos das mães, pelas janelas, as ruas formigando de crianças, toda aquela desordem, toda aquela vida! O contraste é marcante entre os dois países. Tem a impressão de voltar do lado dos mortos. Visita pequenos museus cujas pinturas o enfeitiçam, igrejas mais intimidantes do que catedrais. Em Gênova, sua avó o acolhe com modos de rainha-mãe. Ele tem a impressão de penetrar num palácio. Ignorava que se conhecia tamanha riqueza na família. Mas aquilo não o interessa. Contam-lhe a história da família. Conclui que os Einstein são originários de um povo migrador que vai para qualquer lugar onde a felicidade esteja à espera. Torna a partir. É festejado outra vez ao chegar.

Esmoreçam a graça das madrugadas calmas, a magia dos passeios pelos vilarejos piemonteses. Porém, as fachadas das casas faustosas são o cenário de um teatro no qual Albert não desempenha nenhum papel. A empresa familiar não vai para frente. A fábrica de dínamos encontra-se ameaçada tanto quanto em Munique. Hermann não tem tino para os negócios. É preciso que Albert tenha um ofício, e depressa. Será que um dia, mais tarde, ele poderá ajudar a recuperar a empresa do pai? Afinal, ele tem atração pelas ciências. É forte nas matemáticas. Aceitará o desafio da iluminação das cidades. Retomará as rédeas. Quem sabe, um dia, verão brilhar a insígnia "Einstein pai e filho"?

Estamos longe disso. As perspectivas não são animadoras. O rapaz proscreveu a si mesmo da Alemanha. As portas dos ginásios italianos estão fechadas para ele pela barreira da língua. Hermann torna a pegar o grande mapa a fim de escolher uma destinação para o filho. Precisa mostrar-se convincente. Conhece seu temperamento aguerrido e seus rompantes. Vejamos: podemos riscar de preto o Império Germânico – Albert não é mais um súdito de Guilherme II. Partir para as terras de Francisco José? Sim, por que não Viena? Albert faz não com a cabeça: Viena ou Munique, é ir do parecido para o mesmo. Risquemos o Império Austro-Húngaro do mapa. Não se cogita a Itália. A França? Ninguém jamais viveu na França, e Albert conhece apenas alguns rudimentos da língua – a Alemanha de Bismarck não é muito francófila...

Não se cogita a França – pena, há um adágio que diz: "Feliz como um judeu na França". Resta, no meio desse continente "negro", uma ilhota onde se ensina em alemão e onde se vive tão pacificamente quanto no norte da península italiana. Uma região de manhãs calmas, em cujas ruas nenhuma tropa com fanfarras vai desfilar, onde nenhum capacete de ponta vai riscar o horizonte. Um local onde se vive bem em alemão. Um país de uma neutralidade cordial. Hermann ouviu falar de um estabelecimento de prestígio internacional onde seu filho poderia se confrontar com os melhores. Albert concorda. Que seja a Suíça.

O despertar de um gênio

Esse lugar único, improvável éden einsteiniano no coração da Europa, é Zurique. O fenomenal estabelecimento, de métodos inovadores adequados para seduzir o jovem rebelde, chama-se Escola Politécnica Federal, também chamada de Polytechnikum (ETH). Seu prestígio ultrapassa as fronteiras. Professores e alunos são selecionados a dedo. Um detalhe no qual se pensa sem muita preocupação: Einstein não tem a idade requerida para ter acesso ao primeiro ano. Teria de aguardar dois anos. Graças ao apoio de um amigo da família materna, Albert foi autorizado a fazer o exame de admissão.

Outubro de 1895: Albert deposita as malas na estação de Zurique. Está outra vez sozinho, numa cidade que não conhece, no meio de um país do qual ignora tudo. Mas isso não parece assustá-lo. Instala-se em um quarto de hotel, arruma seus pertences. Chegado o dia, desce a escadaria da construção e dirige-se com um passo calmo para o estabelecimento. Ei-lo rabiscando sua folha sobre os bancos da escola. Esse instante vai decidir seu futuro. O exame de admissão é uma prova decisiva. Ele tampa o porta-caneta, entrega a folha de papel, retorna ao hotel andando a esmo pelas ruas da cidade.

As questões de matemática foram para ele um problema menor do que brincadeira de criança. Idem para a tecnologia. Infelizmente, um excelente domínio da língua francesa é exigido. Einstein apenas tartamudeia algumas palavras. A literatura alemã? Ela não irá salvá-lo. Sem falar das ciências naturais, que não fazem parte de seus domínios de predileção.

Alguns dias mais tarde, ele percorre com o olhar inquieto a lista dos admitidos pendurada por trás de um painel envidraçado. Seu nome não consta. Einstein foi reprovado.

Uma convocação do diretor chega antes que ele deixe a cidade. O homem quer conhecer o jovem Albert. Suas notas ultrapassam de longe as dos outros candidatos. Os resultados são muito surpreendentes para um menino dessa idade. O homem se diz impressionado com as provas de matemática e de tecnologia. Ele gostaria de dar a Einstein uma segunda chance. Recomenda-lhe que entre para um ginásio de excelente reputação localizado no pequeno vilarejo de Aarau, vizinho de Zurique. Uma escola regional numa cidadezinha perdida no meio das montanhas? Albert diz que sim sem refletir.

Galga a rua principal do vilarejo como se andasse para trás. Avança, a passo lento, com a mala na mão. Pela primeira vez, duvida de sua sorte. Interroga-se. É ali que reside seu futuro, num vilarejo cujo nome ele teve dificuldade de encontrar no mapa?

Uma divina surpresa o aguarda na família de acolhida. Mal transposta a soleira da porta, a mãe logo o mima como um filho. O pai, Jost Winteler, o faz sentar do seu lado, pede que ele conte sua história. Qual história? Prepararam um quarto para ele. Consideram-no um membro da família. Paul, o filho dos Winteler, não demonstra nenhum ciúme. Maria, a caçula, observa-o com um olhar curioso que nenhuma outra menina jamais pousou sobre ele. Os elos, tão prontamente instalados, resistirão tão bem ao tempo que Paul, o filho dos Winteler, se casará com Maja, a irmã de Albert.

Com o pai, Jost, um liberal, estabelecem-se em torno dos jantares longas discussões. Discute-se a situação do mundo. Fala-se de política. Mencionam-se os novos pensadores do século. Contam o que está sendo tramado na Rússia. Como o trono do tsar está balançando, abalado pela ação de jovens loucos que pensam em um outro mundo possível. Os nomes de Marx e de Lênin são lançados. Albert escuta com os olhos arregalados. É nesse lugar que se revelará sua paixão pela política. Entre Jost Winteler e Albert, aumenta a afeição. As conversas estendem-se até tarde da noite. Albert conta os relatos de Max Talmud sobre os acontecimentos da

Rússia. Jost refaz o mundo. Einstein aprova, acrescenta. Jost é um liberal de seu tempo, um socialista, um pacifista. Faz Albert descobrir os princípios da democracia, do socialismo. Ele o faz ler Marx, ensina-lhe história. Sobretudo, inculca-lhe o espírito de independência, dá-lhe uma consciência política. Sob esse aspecto, será seu pai espiritual.

Entre as paredes da grande casa, Einstein descobre uma família de adoção. Nas ruas do vilarejo, tão acolhedor, tão calmo, entrevê uma pátria de adoção. No recinto da escola local, aprende através um método de ensino muito afastado dos *diktats* dos professores do Gymnasium de Munique. Aqui se iluminam as consciências, doma-se o conhecimento. Os métodos de ensino parecem ter sido concebidos para responder às necessidades, às reticências daquele rapaz tão brilhante quanto livre.

Dentro de cada sala dedicada às matérias científicas, Albert encontra à disposição instrumentos que permitem experimentar as teorias emitidas. Talvez seja ali, entre as paredes daquela sala, que nascerá a mais importante descoberta de Albert. A que ele vai fazer sobre si mesmo. Ele, que sempre considerara as matemáticas como um fim em si – sua vocação última –, compreende que seu caminho está em outro lugar. A álgebra e a geometria são mais que um meio. Um instrumento para elaborar um pensamento. Albert quer estar em contato com o concreto, mais próximo da compreensão dos fenômenos naturais do que apenas do enunciado dos princípios. Tem a intuição de que sua inteligência deve ser posta a serviço da explicação do mundo. Descobrir o segredo da magia de uma bússola. Retornar à fonte dos mistérios da infância.

A biblioteca da escola revela-se possuidora de uma imensa riqueza. Ele devora tudo o que encontra. Passa horas ali, sua sede de conhecimentos jamais é saciada. Nutre uma predileção pelos escritos dos grandes físicos. Quer saber como, até então, foram explicados os mistérios do universo. Qual é o estado do conhecimento de seus contemporâneos. A de...? Aristóteles. Ele descobre Aristóteles, o inventor da física. Lê todos os escritos do grego sobre sua matéria preferida. C de... Copérnico. Lê todo Copérnico. Passa à Galileu, lê todo Galileu. Depois se obstina em compreender os *Principia* de Newton. Pensa ter captado o essencial. Passa a Leibniz e a Hume, lembrando-se dos conselhos de leitura de Max Talmud. Depois chega à prateleira dos contemporâneos. Tenta compreender Mach, inicia-se em Planck, tenta reescrever as equações de Maxwell, entender as experiências de Hertz. Vive em constante ebulição. A biblioteca, onde assiste todos os dias ao surgimento do crepúsculo, é sua caverna de Ali Babá. Para qualquer lugar que dirija o olhar, sua mão é atraída, seu olhar fascinado. Folheia as páginas de um livro, e o mundo se abre para ele.

Ele tem dezesseis anos. Está estudando os campos magnéticos. Não consegue captar a lógica de algumas páginas dos *Principia*. Certas conclusões parecem-lhe aproximativas. Sim, aquele menino em seu cantão perdido manifesta reservas sobre as descobertas e conclusões de sir Isaac Newton!

Fora dos muros da escola, o físico em formação inicia-se em uma alquimia ainda insuspeitada: aquela produzida pela atração dos corpos. Em seu laboratório íntimo, ainda inexplorado, uma chama aquece seu coração, seu coração cujos batimentos se aceleram apenas à vista de um ser. É a isso que dão o nome de chamas da paixão? Ela será acesa, essa chama, pela presença de Maria, a filha de Jost Wintler. Arderá por muito tempo... por muitas outras.

Um ano se passou. Dias calmos, tranquilos, dedicados às paixões de sua existência: as ciências, os passeios pelo campo, o despertar da consciência política, o amor. Sem dúvida, Einstein viveu ali o período mais feliz de sua existência.

Setembro de 1896: retorno aos bancos da Escola Politécnica de Zurique. O colégio de Aarau fez do jovem cão raivoso um animal de concurso. Os resultados estão à altura de suas esperanças. Albert é aceito na Escola Politécnica.

O trem do destino deu a partida.

Zurique, 1896. A Escola Politécnica forma professores de matemática e de física. Einstein, do alto de seus dezessete anos, é o mais jovem da seção. O curso dura quatro anos. Desprende-se de Zurique uma certa languidez, como o lento fluxo do rio que passa perto da escola. Mas a calma é apenas aparente. A existência, aqui, não terá nada dos dias plácidos de Aarau. Aqui, a vida é cara. Albert recebe de um parente da família materna cem francos suíços mensais. Economiza todos os meses vinte francos para pagar mais tarde sua nacionalidade suíça. Ele agora é apátrida. Continuará a sê-lo por cinco anos. Leva uma vida de boemia. Seus pais não podem lhe enviar dinheiro. Estão às voltas com um desastre financeiro sem precedentes. A experiência familiar milanesa foi a catástrofe prevista e previsível. Será preciso esperar 1899 para que Hermann encontre finalmente uma posição social estável na distribuição de eletricidade perto de Pádua. Ele morrerá três anos mais tarde, infelizmente sem conhecer a glória do filho. Por mais insensatas que pudessem parecer, Hermann teria mesmo assim aprovado as escolhas de Albert.

Zurique anuncia o final do primeiro amor por Maria Winteler. O fervor das cartas iniciais, algumas visitas ao vilarejo dão pouco a pouco lugar à indiferença. Esse desamor mergulha a jovem Maria em plena depressão. As famílias, que haviam sonhado com uma união definitiva, estão abatidas. Pauline teria adorado ter a jovem Winteler como nora. Apesar das aparências de liberalismo e emancipação, continuam fiéis à tradição dos pais. Há muitas gerações eles se casam entre si. Nasce-se judeu de pais judeus. De mãe judia. E a ideia de que Einstein rompa com a tradição enche Pauline Koch de aflição. Seria cortar-se do povo de Israel. Excluir-se de uma certa maneira. Se por acaso Albert escolher uma esposa no mundo dos "gentios" – *góis*, dirá sempre Einstein, sem a menor partícula de desprezo –, os netos de Pauline não serão judeus. Ela conseguirá suportar? O futuro lhe reserva alguma decepção.

O interesse de Albert está voltado para outro lugar, e não para as saias das moças. No instituto, ele experimenta pela primeira vez um sentimento de admiração intelectual pelo corpo docente. A qualidade do ensino está à altura de sua avidez. O professor principal é Heinrich Weber, o chefe do departamento de física. Weber ficará impressionado com as faculdades de seu aluno, sua facilidade de compreender e de vulgarizar as teorias científicas. Albert finalmente também encontrou seu mestre. Ele passará dias e noites a experimentar suas teorias no laboratório de Weber. Certa noite, uma de suas experiências provoca uma explosão que ferirá sua mão e o impedirá de tocar violino por vários meses.

Com Weber, dissertam sobre os trabalhos dos iniciadores da física moderna ainda balbuciante, dissecam as equações de Boltzmann, estudam a lógica de Hertz e de Maxwell. A física acaba de obter sua carta de nobreza. Emancipou-se da tutela das matemáticas. Albert aborda uma ciência em plena regeneração.

Esse universo de experimentação concreta afasta-o da teoria. Sua paixão pelas matemáticas o abandona. Não a retém. Ele diz: "Uma teoria pode ser verificada pela experiência, mas não há caminho que leve da experiência a uma teoria a ser estabelecida".[1] Essa rejeição provoca o desespero de seu professor, Hermann Minkowski, um gênio da aritmética. Albert lamentará mais tarde esse desdém a respeito da disciplina rainha. O desinteresse repentino e prolongado se revelará um freio em suas pesquisas.

Anos mais tarde, ele recuperará o elo com as matemáticas em seus trabalhos sobre a relatividade geral. Lamentará o tempo perdido. O próprio professor Minkowski, décadas mais tarde, formulará as bases matemáticas das descobertas de Einstein.

O Polytechnikum será também a origem das grandes amizades que marcarão a vida de Einstein. Friedrich Adler, filho de Victor Adler, líder do partido social-democrata austríaco, inicia Albert nas teorias revolucionárias. Não conseguirá fazê-lo aderir ao movimento que ele apoia. Friedrich é um idealista, além de dublê de iluminado. Chegará até a assassinar o primeiro-ministro austríaco em 1916! Einstein participará da campanha por sua libertação depois da guerra. Ao lado de Marcel Grossmann, outro futuro eminente pesquisador, Albert refaz o mundo no café Metrópole, sobre o cais à beira do rio Limat, próximo ao instituto zuriquenho. Em Michele Angelo Besso, ele encontra o amigo de toda uma vida, fiel entre os fiéis, a única pessoa a ser citada no artigo fundador da obra de Einstein em 1905.

Em Zurique se cruzam todos os danados da terra. Os expulsos e os excluídos, os refugiados e os espiões. Trótski passa por Zurique. Lênin mora lá. Tantos outros menos conhecidos ali se sentem livres como o ar, discutem, convencem, inflamam os espíritos sedentos de ideais. Einstein está na confluência desse mundo. E o rapaz revoltado de sempre, insubmisso de data recente, apátrida por escolha, ouve, participa, intervém, fascina também pela clareza de sua inteligência, pela virulência de seus engajamentos.

Mileva Maric é chamada de Mileva. Na opinião geral, falta-lhe charme e é desprovida do mínimo vestígio de feminilidade. Um defeito no quadril torna seu caminhar desgracioso. Sofre de um temperamento difícil, de um ciúme doentio, de tendências depressivas. É mais velha do que Albert três anos. É sérvia e cristã ortodoxa. Apaixonada por física e matemática. Einstein se apaixona por Mileva em 1898.

Albert e Mileva trabalham juntos nas leis da gravitação, elaboram teorias, mergulham em grandes dúvidas quando suas experiências não chegam a conclusões, inventam leis novas que não levam a nada, desmontam as bases de axiomas estabelecidos, investem contra a estátua de Newton para derrubar seu pedestal. Discutem política horas a fio. No dizer de todos, eles formam um casal um pouco *sui generis*, que fascina ou irrita. Ele, extrovertido, sedutor, indo na direção do mundo; ela, fechada, tímida.

Mileva é a ideia fixa de Pauline Koch. A infelicidade de seus dias. O drama de sua vida. Uma cristã ortodoxa! Se ao menos fosse bonita, se fosse feminina. Se mostrasse delicadeza. Pior! Ela quer se casar, e rapidamente! Um apátrida, sem um tostão, noivo de uma expatriada sérvia ortodoxa! Por que ele não ficou com Maria Winteler? Por que essa necessidade de fundar um lar se ele não ganha mais do que cem francos por mês?

Pauline expõe sua oposição ao casamento. A mãe tenta chamar o filho "à razão". Ameaça cortar todos os laços familiares. Pauline briga com Albert. Anos depois se constata: as críticas, as táticas de intimidação, as exortações foram lentamente, mas seguramente, insinuadas no espírito de Einstein. Durante muito tempo, perguntou-se sobre a curiosa escolha das segundas núpcias depois do naufrágio desse casal. Albert se refugiará, se precipitará nos braços tranquilizadores de uma mulher que corresponde aos cânones de perfeição de sua mãe, uma mulher reservada, composta, apagada, doce... E educada na tradição judaica... Einstein, como se abandonasse o combate contra a tradição, chegará a fazer a mais surpreendente das escolhas: a da consanguinidade! Depois de Mileva, a estrangeira, vai se casar com Elsa... sua prima! Esse segundo casamento soa como a revanche conjugada de Édipo e Moisés. O retorno vitorioso do que esteve recalcado. Einstein combaterá Hitler, mas terá abdicado diante da mãe.

Mas aos vinte anos a hora é de desafio, de rebelião. Einstein e Mileva querem unir-se custe o que custar. Pouco importa o dinheiro, o ressentimento de uma mãe. Albert espera o apoio de seu pai Hermann, mais liberal. Não está enganado. Hermann mostrará menos reticência. No outono de 1902, vítima de uma crise cardíaca que lhe será fatal dentro de pouco tempo, ele dá sua bênção ao casamento, celebrado em 6 de janeiro de 1903.

Durante os últimos meses no instituto, Albert parece ter perdido o controle sobre si mesmo. Encontra de novo os demônios que o fizeram deixar o Gymnasium de Munique. Cai na insubmissão. Pratica a insolência em relação aos professores. Escarnece um por um dos professores. Atrai a ira da administração. Rompe provisoriamente com o professor Minkowski. Briga com Weber. Critica seu mestre por ele só se interessar pela física antiga. Acusa-o de não ensinar outras matérias, apenas a física mecânica cujos limites Einstein já percebe. Certamente, Albert obtém o diploma em 1900. Mas é o único dos estudantes a não ser chamado para um cargo de assistente.

Nenhum dos professores quer Einstein como adjunto. Weber, apesar da estima que tem por ele, recusa-se a apoiá-lo. Albert não terá direito a um cargo que lhe permita prosseguir suas pesquisas e garantir um conforto material.

Einstein é considerado incontrolável, tido como um pária, um perigo para a ordem estabelecida, um iconoclasta. Evidentemente, sai do Polytechnikum com o diploma no bolso, mas é o único dos graduados acompanhado da franca hostilidade de seus mestres. As portas da prestigiosa escola se abrem para o vazio.

1900: Einstein está desempregado, é um apátrida e não tem um tostão.

31 de dezembro de 1999: a *Time* faz sua última cobertura do ano com o retrato dele na capa, designando o sábio como "o Homem do Século".

Ele obtém, não sem dificuldade, o cargo de preceptor no vilarejo de Schaffhouse. Teve de se separar de Mileva para morar no local de trabalho. Sua missão: iniciar nas matemáticas um jovem inglês. Será dispensado alguns meses mais tarde, pois o empregador julgou seu comportamento degradante e seus métodos de ensino escandalosos.

Mileva está grávida. Como o dinheiro falta de maneira atroz, ela volta para a casa da família na Sérvia.

Começa então uma história que será para sempre um dos mais impenetráveis mistérios da vida de Einstein. Um momento de vida inexplicável, verdadeiro buraco negro na existência do gênio e ao mesmo tempo, para alguns, uma mancha na panóplia imaculada do herói lendário.

Einstein esforça-se, por alguns francos suíços, para ensinar rudimentos de matemática a um adolescente recalcitrante. Mileva dá à luz uma menina, que chamam de Lieserl. Uma troca de cartas demonstra a alegria dos pais. Mas Albert não faz a viagem. Albert não vai beijar a mãe, segurar a criança nos braços. Albert tem pouco mais de vinte anos. Dá-se conta do alcance do acontecimento? Está envolvido demais nos próprios problemas para poder enfrentar o desafio da paternidade? Está em condições de exultar numa hora em que seu futuro parece tão sombrio? Sente algum orgulho por ter dado a vida, enquanto a sua afunda? Sente o peso de ser pai? Recuse-se a assoberbar o espírito com considerações materiais, enquanto sua cabeça está inteiramente nas estrelas? Essa criança não era desejada. Einstein tinha, naquele instante, a força de espírito necessária para torná-la desejável? A resposta, é provável, está contida parcialmente em cada uma dessas perguntas. Durante muito tempo, ninguém soube o que aconteceu com a filha de Einstein. Seu destino dá ensejo a toda sorte de especulação. Alguns afirmam que ela foi abandonada. Outros declaram que foi entregue a uma família de adoção. A maior parte sustenta que ela morreu de escarlatina aos dois anos, junto de sua família materna. Outros sugerem que ela teria sobrevivido a Einstein. O enigma permanece. Por que Einstein, que mostrará tanta afeição por seus dois outros descendentes, teria testemunhado uma indiferença tão grande por sua primeira filha? Por que os dois esposos teriam optado pelo abandono, sabendo-se que cobrirão de amor suas outras duas crianças? Esse acontecimento pressagiaria a ruptura com Mileva? Mostra um outro rosto de Albert? Foi o preço a pagar por uma paternidade tão jovem, ocorrida numa situação precária? O "caso Lieserl" manchará a biografia do sábio. Mesmo hoje, quando os arquivos já foram abertos, ninguém conhece a verdade. Uma única certeza: com vinte anos, mesmo um gênio pode cometer o inconcebível.

Um dia, porém, o vento volta a soprar. A entrada no século XX marca uma renovação na existência de Albert. Em 21 de fevereiro de 1901, a cidadania suíça lhe foi concedida. Em dezembro do mesmo ano, ele consegue, graças ao apoio de seu amigo Grossmann, um trabalho remunerado. Oh, não é o sonhado cargo de assistente! Nem um trabalho de pesquisa no laboratório de uma empresa industrial ao qual ele poderia aspirar. Não, Einstein obtém o posto de perito técnico de terceira classe no Departamento de Patentes de Berna. Seu papel consiste em estudar a seriedade das invenções às quais o departamento deve oferecer proteção legal. Terceira classe em Berna, eis como o "Homem do Século" entrou na carreira. A Academia de Berlim, a Academia Real da Inglaterra parecem quimeras. Contudo, Einstein está na maior felicidade. Aceita esse posto como a chance da sua vida, comemora o acontecimento com Besso e Grossmann e pede que Mileva volte da Sérvia. No ano seguinte, em 14 de maio de 1904, nascerá um filho, Hans Albert.

Einstein está com 24 anos, tem a família do lado, dispõe de um salário razoável, tempo livre para suas pesquisas, uma sólida formação científica, uma profusão de ideias a experimentar, uma avidez criativa, uma curiosidade a toda prova e uma formidável vontade de lutar contra as ideias paradas de seu tempo.

No Departamento de Patentes, sua tarefa consiste em fazer um inventário das invenções. Resumir seu princípio, compreender sua utilidade, prever seu mercado. Estabelecer um elo entre prática e teoria. Ele está no centro de sua própria problemática. Mesmo que os objetos que experimente não correspondam todos a ideias de gênio...

Einstein tem o espírito livre.

Com Maurice Solovine (estudante de filosofia romeno excêntrico e brilhante) e Conrad Habicht (cientista que ele conheceu em Schaffhouse), Einstein funda a "Academia Olympia". Por trás do lado cômico, divertido, pretensioso da empresa vai se esconder uma verdadeira estrutura de trabalho, uma profusão de ideias. Eles se reúnem no final do dia, leem Platão e Poincaré, Spinoza e Mach. O amigo fiel, Michele Besso, junta-se logo depois ao grupo.

Ele se reúne com os amigos, experimenta as invenções mais tresloucadas, faz passeios com a família, percorre os picos dos Alpes suíços, mas sobretudo *pensa*. Einstein amadurece sua reflexão. A filosofia kantiana, o empirismo de Hume, o determinismo de Spinoza oferecem à visão do mundo uma outra dimensão. Esses pensamentos ajudam a aprofundar a distinção que ele faz entre proposição analítica fundada na lógica e proposição sintética baseada na experimentação. O estudo dos trabalhos do físico Mach deixam nele uma marca importante. Ernst Mach, o primeiro na hierarquia do positivismo. O pioneiro da física moderna. O primeiro a escarnecer das teorias de Newton. Mach redefiniu os conceitos de tempo e de espaço. Mach abre-lhe os olhos para o absoluto.

Os anos 1903 e 1904 são de efervescência intelectual. Einstein entrega-se a um prodigioso e titânico trabalho de pesquisa. Estuda os jovens teóricos dessa nova física para cuja edificação contribuirão seus próprios trabalhos. As ideias de Planck o fascinam. O homem, que ele não deixará de admirar e para o qual trabalhará anos mais tarde, definiu em 1900 as bases da física quântica. Ele dirige a bíblia da física moderna, os *Annalen der Physik*, publicação científica alemã. Einstein analisa os trabalhos de Lorentz. Retoma, laboriosamente, as equações matemáticas de Boltzmann. Elas lhe permitirão grandes avanços na direção de sua nova interpretação da mecânica quântica. Quanto às equações probabilistas de Maxwell, elas reforçarão as intuições do sábio.

Durante esses dois anos, Einstein dedica-se a conceitualizar as matérias de termodinâmica estatística e de eletrodinâmica dos corpos em movimento, bem como publica diversos artigos e exposições. Esses anos são a antecâmara da inacreditável eclosão, verdadeiro fogo de artifício criativo que está por vir.

1905. Einstein vai publicar nos *Annalen der Physik* cinco artigos. Escritos com a idade de 25 anos, eles revolucionarão a física e o pensamento universal.

O ano-luz

Eles são em número de cinco, cinco profetas de papel dos tempos modernos. Vão irromper no mundo científico e durante décadas, até os dias de hoje, alimentar os debates, as fantasias, as venerações e os ódios. Permitirão explorar mundos, suscitar outras descobertas. Abrirão para uma nova concepção do universo. Esses cinco artigos irão pregar, cada um num mundo diferente, uma palavra revolucionária. Encontrarão apóstolos às centenas, detratores aos milhares. Os mais importantes sobreviverão ao século. Alguns conhecerão as chamas do inferno.

Esses trabalhos publicados nos *Annalen der Physik*, revista científica de referência, apresentam títulos que, evidentemente, são um tanto obscuros para o leigo. Os títulos?
1: "Sobre um ponto de vista heurístico relativo à produção e à transformação da luz".
2: "Sobre o movimento das pequenas partículas em suspensão dentro de um líquido em repouso, como consequência da teoria cinética molecular".
3: "Sobre a teoria do movimento browniano".
4: "Sobre a eletrodinâmica dos corpos em movimento".
5: "A inércia de um corpo depende de seu conteúdo de energia?"
Convém nos determos sobre cada um deles para compreender a amplitude da tarefa realizada, a onda de entusiasmo e de oposição que eles despertarão.

Em 17 de março de 1905, Einstein publica um artigo sobre a teoria dos *quanta* (chamados mais tarde, em 1926 e até os dias de hoje, de fótons). O artigo revolucionará o conceito de luz.

Após sua exposição sobre a teoria dos *quanta* de 17 de março, os *Annalen der Physik* receberão, em 11 de maio e 19 de dezembro, duas exposições sobre a cinética molecular e em seguida sobre o movimento browniano. Os dois artigos partem do estudo de grãos de pólen na superfície da água. Depreendem a prova da existência dos átomos e têm como resultado a medida do número de Avogadro. O cálculo desse número de átomos é fundamental para o estudo dos átomos. Ele representa o número de átomos presentes em um grama de hidrogênio, ou seja, aproximadamente 6.10^{23}. Tal descoberta é um passo gigantesco no estudo das moléculas. O infinitamente pequeno está, de agora em diante, no campo de compreensão do olho humano.

Em 30 de junho, a revista recebe uma nova exposição sobre a eletrodinâmica dos corpos em movimento. Esse trabalho explicita a teoria da relatividade restrita.

Em 27 de setembro, Einstein publica um quinto e último artigo sobre a inércia dos corpos e da energia, que depreende a relação entre a massa de um corpo e sua energia própria. A doravante célebre: $E=mc^2$.

Esses cinco artigos constituem um exemplo único na história da criatividade científica.
No espaço de seis meses, um rapaz de 25 anos enunciou uma nova definição da luz, explicitou a existência dos átomos, explicou o movimento das moléculas, inventou o conceito de espaço-tempo.

Em 20 de julho, uma tese, igualmente inovadora, sobre a medida das dimensões moleculares permitirá finalmente a Einstein ser admitido como *Privatdozen* na Universidade de Zurique. A faculdade não julgara nenhum dos cinco artigos precedentes satisfatório como "dissertação de habilitação" ao doutorado!

A instituição continua atrasada em relação às revoluções. Contudo, o mundo da física mundial está a um passo de ser submetido a um terremoto de um grau nunca antes alcançado.

Para captar a amplitude desse movimento, convém nos determos na nova concepção da física e do mundo que os trabalhos de Einstein propõem. E primeiramente na que valeu a Einstein seu renome: a teoria da relatividade.

A obra de Einstein oferece, na realidade, dois estudos sobre a relatividade, dois trabalhos complementares, realizados com anos de intervalo. O artigo de 1905 enseja o nascimento da "relatividade restrita". O segundo é o desenvolvimento, a aplicação, a "generalização" dessa relatividade restrita a todo o sistema físico. É a teoria da "relatividade geral". Ela é fruto de pesquisas concluídas no final dos anos 1920. A "relatividade geral" é A teoria da gravitação de Einstein. O Graal de todo físico. O equivalente da teoria da gravidade de Isaac Newton.

A relatividade restrita é o detonador dessa nova teoria do campo gravitacional. Em 1905, Einstein lhe dá o qualificativo de "restrita": ela se aplica somente a um sistema em inércia. Uma década mais tarde, as conclusões dessa teoria se estenderão a todo sistema, inerte ou em movimento.

A teoria da relatividade restrita abala dois pilares da física, edificados há séculos. Encontra-se igualmente no cerne das interrogações do comum dos mortais. Sua proposição consiste em definir a noção de espaço e a representação do tempo.

Nesse começo de século, a teoria newtoniana continua sendo uma verdade absoluta. O templo sagrado. Aristóteles colocara a primeira pedra. Copérnico e Galileu ergueram as fundações. Isaac Newton concluíra a construção.

Em 1632, em Florença, Galileu afirmou que "o movimento não é nada". Colocou um pé no estribo da relatividade. Newton nasceu no dia em que Galileu morreu. Em 1642. Entre 1660 e 1670, Newton vai prosseguir a revolução galileana. Ele revoluciona as noções físicas de força e movimento. Desses trabalhos nascerá a concepção do sistema solar.

Quem se dedica a essas noções de tempo, de espaço, de movimento, tem acesso ao âmago da pesquisa científica. Vê-se obrigado a honrar a estátua de Isaac. As leis de Newton, expostas no século XVII, estão inscritas nos *Princípios matemáticos da filosofia natural*. Esses *Principia*, publicados em 1647, são considerados, dois séculos e meio mais tarde, Tábuas da Lei. Essas leis comandam o curso dos planetas, a órbita terrestre, o escoamento das marés, o movimento da lua e de Júpiter. Constituem a única teoria da gravitação admitida. Englobam todas as disciplinas físicas, da mecânica clássica à ótica.

Elas também oferecem a única definição admitida da luz, o cálculo de sua velocidade, de sua constituição. Instauram explicações simples e admitidas por todos para a propagação dos raios do sol, a cintilação dos relâmpagos, o ronco da trovoada. Elas abordam os fenômenos eletromagnéticos. Apresentam a única noção autorizada do cosmos.

A física de Newton forma um todo que constitui a base dos conhecimentos humanos sobre o mundo.

É contra esse edifício que Einstein investe. Esse mundo cujas bases ele abala, desmantela o pedestal. E constrói sobre suas ruínas a física de hoje. Assim, um rapaz de 25 anos, fora de qualquer estrutura universitária, perdido em um cantão da Suíça, vai elaborar uma nova teoria da gravitação cuja visão provocará uma comoção no entendimento do mundo.

Para chegar a esse ponto, Albert dissecou as leis fundamentais de Newton, tidas como explicativas da gravitação e do movimento:

– Um objeto afastado de todos os outros pode estar em repouso ou animado por um movimento uniforme.

– Dois objetos, sejam quais forem sua natureza e sua posição, exercem entre si uma força dita gravitacional, dependendo de sua massa e de sua distância.

– O tempo é absoluto, independente do movimento. Não importa que um relógio de pêndulo esteja embarcado num trem correndo a uma velocidade extrema; um dia mais tarde, ele marcará sempre a mesma hora. O tempo é em toda parte idêntico no espaço.

– Dois acontecimentos, quando se desenrolam no mesmo segundo, seja qual for sua distância, sobrevêm simultaneamente.

– O espaço é absoluto. E é infinito. Só o espaço pode servir de referência à posição de um objeto, à orientação de um movimento. O espaço possui três dimensões. A geometria de Euclides formulou sua natureza. Uma natureza simples, intangível. O espaço: uma largura, uma altura, um comprimento.

– A luz é constituída de um feixe de partículas que se desloca no interior de uma matéria mal determinada, que é chamada de éter, espécie de nevoeiro invisível, de fluido imaterial que preenche o vazio celeste.

Einstein leu e releu essas linhas, reescreveu as equações, virou e revirou suas páginas, amarfanhou, rasgou as páginas. Einstein interessou-se pelos trabalhos que decorreram delas. O eletromagnetismo e o motor elétrico elaborado por Faraday em 1820, os trabalhos de Hertz dos anos 1880, sobre as ondas e a velocidade dos elétrons. Presumia-se que tais escritos traziam as respostas definitivas à marcha do universo. Nenhuma o satisfazia plenamente. Nenhuma respondia totalmente às suas interrogações. Einstein mordia avidamente a maçã de Newton. Mas ela não matava sua fome.

A mesma atitude, a mesma preocupação com a certeza, a mesma força de convicção o haviam feito abandonar, quinze anos antes, a fé religiosa, sem renegar suas origens. A Bíblia não correspondia à sua sede de autenticidade. Ele não acreditava nas verdades reveladas. Queria respostas. Respostas simples para problemas supostamente insolúveis.

A questão da constituição da luz e de sua propagação mergulha-o em abismos de perplexidade. Que éter é esse, que ninguém nunca viu, cuja existência ninguém jamais demonstrou, que desafia as leis da física e parece ser uma resposta simplista a um problema insolúvel? O éter! O éter é uma invenção de físico preguiçoso. O éter nos deixa na imprecisão. Um fluido propagaria a luz, partículas de luz? Mas qual é a natureza da luz? Por que não é uma onda, à imagem do som? A luz seria matéria, diz Newton. Qual é o peso de suas partículas luminosas, sua carga, seu poder de atração? Qual é o efeito do peso sobre a propagação da luz? A relação entre gravitação e luz? A lei da gravitação não responde à pergunta. Newton também não! Assim como não responde à pergunta sobre a velocidade de propagação da luz. A que nos vem do sol ou de uma pilha elétrica. A luz e sua velocidade: Einstein tem a intuição de que essa questão iluminará a física moderna.
Lampejo de gênio.

Contudo, seu professor Weber recomendou-lhe que se ativesse a essa bíblia newtoniana. É a árvore proibida. Para Einstein, não existe palavra de evangelho. Em vez de se dedicar aos livros santos da física clássica, ele mergulha nos trabalhos de iconoclastas. Estuda as experiências de Michelson, que avaliam a velocidade de dois raios de luz provenientes de feixes diferentes e fazem brotar a dúvida sobre as verdades admitidas. Lê e relê *La science et l'hypothèse* [A ciência e a hipótese], do físico francês Henri Poincaré. Este último aponta as mesmas dúvidas que Einstein, esboça elementos de resposta sobre o espaço e o tempo. O livro de Poincaré, publicado em 1902, está dentro das normas admitidas para a época. Ele não se liberta – ao menos não ainda – da geometria euclidiana. Einstein encontrou um companheiro de armas, mas este ainda não é suficientemente intrépido: Hendrik Antoon Lorentz, que ensina na mais prestigiosa universidade dos Países Baixos. Lorentz formula hipóteses que fascinam Albert sobre o estudo das partículas em movimento, as "leis de transformação" de Lorentz sobre os fenômenos eletromagnéticos e óticos. Depois Einstein estuda as equações do matemático Maxwell: elas levantam o problema das grandes velocidades dolorosas. Einstein dedica-se a essas equações. É então que lamenta ter negligenciado, abandonado as matemáticas em proveito da física. E dizer que ele tinha como mestre o professor Minkowski, um matemático fora de série! Dizer que ele preferiu ir beber nos cafés com Solovine em vez de assistir às aulas de Minkowski! Ironia do destino, esse mesmo Minkowski, que se tornou professor em Berlim anos mais tarde, formulará da maneira mais explícita e mais formal as descobertas de seu antigo aluno sobre a relatividade!

Mas o verdadeiro eletrochoque sobrevém quando Einstein descobre os trabalhos de Max Planck. Esse sábio da Academia de Berlim é provavelmente o homem que terá mais importância na vida científica de Einstein, aquele que chegará até mesmo a mudar seu destino. Já em 1900, Planck, futuro presidente da Academia Científica da Prússia, revolucionara a concepção mecânica da luz e partira de um postulado eletromagnético. Em seu pequeno laboratório de Berna, Einstein encontra seu mestre.

Assim, entre 1902 e 1904 – ano em que festeja seus 25 anos –, Einstein leu tudo o que chegou a ser escrito sobre a natureza da luz, as versões mais antigas, as mais clássicas da física das partículas, as novas hipóteses referentes às ondas eletromagnéticas. Estudou as pesquisas sobre a propagação e a velocidade da luz, mergulhou nas novas hipóteses do campo de gravitação, das forças de gravitação, das interações entre os elétrons e seu meio, debruçou-se sobre o novo lugar que o tempo pode ocupar nas equações do movimento. Viu o limite da geometria euclidiana. Viajou até as fronteiras dos conhecimentos expostos por Newton. Depois descobriu outros sábios que manifestavam reservas sobre a física newtoniana, expunham outras fórmulas, emitiam hipóteses mais complexas. Einstein leu Mach, para quem a inércia dependia da interação das massas. Einstein leu Planck e seus trabalhos sobre a luz. Einstein trabalhou muito. Como outros, no fervilhamento intelectual que marca a renovação da física nesse começo do século XX. Porém, talvez bem mais do que outros, Einstein sai de seu laboratório, escruta à própria volta. Einstein olha os trens que passam. Observa o sol, contempla os planetas. Einstein tem o espírito em permanente alerta, a cabeça voltada para as estrelas. Einstein brinca com os objetos, com os sistemas, com os conceitos. Quando um teórico para nos limites de seu sistema ou desiste no caminho de sua demonstração, porque nenhum instrumento matemático torna possível o prosseguimento dos trabalhos, Einstein, por sua vez, não renuncia. Continua raciocinando. Prova por absurdo. Especula. O que aconteceria se seu postulado de base fosse verdadeiro? Quando todos os pesquisadores teorizam, Einstein imagina. Einstein aposta. Para ele, o universo não tem fronteiras. O espírito não conhece limites. Pode-se viajar em pensamento até os confins do universo, do entendimento humano. Às raias do paradoxo. O tesouro das leis do universo se esconde nas camadas mais recônditas do cérebro humano. Basta mergulhar lá dentro. Ir a fundo nos pensamentos. Profundamente, assiduamente. Esses pensamentos experimentarão o mundo, revelarão cada um de seus segredos. Seu espírito científico é acrescido de uma mentalidade de aventureiro. Einstein não tem medo de nada. Einstein duvida de tudo. Einstein não é apenas um cientista de gênio. É um artista. Como todo artista, quer despregar as estrelas e sente-se com a força de fazê-lo.

A multiplicação dos campos de investigação faz a especificidade do gênio einsteiniano. O homem quer tudo explorar, tudo compreender, tudo explicar. Uma espécie de sentimento premonitório e o gosto pela experiência o guiam. O pensamento intuitivo precede a construção lógica de suas descobertas. A validação por símbolos matemáticos não faz senão se seguir. Primeiro elaborar uma imagem da realidade, depois estabelecer a teoria geométrica que pode corresponder a ela. Antes de tudo, permanecer simples, ir à evidência. Em primeiro lugar, Einstein possui uma força de maravilhamento quase mística ligada à observação. Ele constrói um conceito a partir de um pressentimento. Depois opera a distorção das verdades admitidas para fazer do conceito uma nova lei. Ele afirma: "Todo conhecimento da realidade vem da experiência e leva até ela".[1]

O que diz Newton? O espaço é absoluto? Os movimentos de um objeto são determinados pelo espaço no qual ele se desloca? A trajetória de um objeto em movimento pode ser conhecida de maneira absoluta? O que faz Einstein? Einstein gosta das experiências imaginárias. Einstein entra em pensamento em um trem. O trem adquire velocidade. Einstein joga uma pedra pela janela. Um outro ele mesmo está sentado num barranco e observa a pedra caindo. Qual é a trajetória da pedra? Ela não existe. Ou, pelo menos, não existe *uma* trajetória, mas uma infinidade. Para o homem dentro do trem, a pedra cai verticalmente. Para o observador no barranco, ela descreve uma parábola. Não existe trajetória absoluta, como parte de uma sistema, um espaço absoluto. Existe somente uma trajetória – reta ou parabólica – como parte de um sistema de referência. O trem, o barranco... A definição da trajetória é relativa a esse sistema. O movimento é relativo. O espaço é *relativo*.

Não há *uma* trajetória. Mas se pode falar de posição da pedra? Como defini-la? Apenas o espaço não o permite.

Três dimensões não são suficientes. Onde se encontra a pedra? É preciso colocar a questão do *quando*, a questão do instante t. É preciso acrescentar, para determinar a posição, uma quarta dimensão. Essa quarta dimensão é o tempo. Nós não vivemos no espaço, nós não nos deslocamos na duração. Nós vivemos em um espaço-tempo. A terceira dimensão está enterrada. Bem-vinda à quarta dimensão.

O espaço não é absoluto. Mas a distância o é? Einstein volta para o trem. Quer medir a distância entre dois pontos do trem em movimento. Como uma criança. Apanha a régua, sua régua imaginária, e anota uma dimensão. E se for o homem sentado no barranco que quer conhecer essa mesma medida? O comprimento no trem, medido graças à distância percorrida em um tempo determinado, na passagem de cada um dos pontos, é diferente segundo sua velocidade! A noção de distância espacial é relativa! O trem não tem comprimento definido! Depende do observador! A noção de distância é relativa.

Mas o tempo, o tempo propriamente, é absoluto? Dois acontecimentos podem ser qualificados de simultâneos? Vamos para o vagão! Um observador no trem – vamos chamá-lo de corpo de referência rígido –, um outro sentado no barranco olhando o trem passar. Dois relâmpagos, vamos chamá-los de A e B, caem, enviam seus raios que vão se encontrar numa metade M de sua distância vista do barranco. Os relâmpagos são produzidos no mesmo instante, a partir de A e B, para o homem sentado no barranco. O homem dentro do trem, que, como o trem, desloca-se para B, verá surgir o relâmpago B *antes* do relâmpago A. Para ele – em seu sistema referencial –, não existe simultaneidade. O tempo absoluto não existe. O tempo é relativo ao sistema de referência.

Einstein olha o tempo passar. Ele observa os batimentos de um relógio em repouso em um sistema de referência K e os de um relógio em um sistema referencial chamado K', deslocando-se a uma velocidade v em relação a K. Estuda o tempo que separa dois batimentos do relógio em movimento, considerado do ponto do sistema em repouso. Utiliza para esse fim as transformações de Lorentz que calculam para o tempo do primeiro batimento: $t=0$. Para o que se produz no segundo batimento $t=1/\sqrt{1-v^2/c^2}$, onde v é a velocidade do sistema K' em movimento e c é a velocidade da luz. Calculada a partir de K, a duração entre dois batimentos sucessivos não será de um segundo, mas de $t=1/\sqrt{1-v^2/c^2}$, ou seja, um pouco mais. Um relógio em movimento funciona portanto mais lentamente do que um relógio em repouso! A velocidade prolonga o tempo! O tempo pode se dilatar, como o espaço. Da mesma maneira como se viaja no espaço, talvez se possa viajar no tempo? Eis como a relatividade pode tontear as mentes e enfeitiçar os espíritos.

Quanto à teoria da relatividade geral, o problema será tornar válidas as regras da relatividade restrita não somente para o sistema em inércia, mas também para todos os sistemas de referência e para os que estão em movimento.

É claro que as demonstrações são simplistas. Apoiam-se em artigos, cálculos que dão vertigem. Milhares de artigos, centenas de livros de física não cessaram de explorar seus arcanos. É preciso ler o artigo "Sobre a eletrodinâmica dos corpos em movimento" para ter uma ideia desses trabalhos.

Quid da fórmula mais célebre, do $E=mc^2$? Ela nada tem a ver com a relatividade. É abordada no artigo intitulado "A inércia de um corpo depende de seu conteúdo em energia?". A fórmula apoia-se em complicadas equações, tomando por base os trabalhos de Maxwell sobre o espaço vazio e os trabalhos de Hertz sobre a eletromagnética. Einstein conclui evocando a ideia de que "a massa de um corpo, m, é uma medida de seu conteúdo em energia". "A energia subtraída ao corpo transforma-se em energia de radiação..."

Se a energia varia de L, a massa varia proporcionalmente de $L/9.10^{20}$. $M=L/V^2$, a fórmula será mais conhecida sob a designação $E=mc^2$, onde c é a velocidade da luz, cerca de 300.000 km/s. A energia que pode ser desenvolvida por uma massa amplificada com um fator multiplicador inacreditavelmente grande. Mais tarde se descobrirá que, encontrando-se uma massa que possua o mais pesado dos núcleos (o urânio), é possível obter energias colossais. Sim, ao ser fissionada, uma massa pesada produzirá uma energia inimaginável. Inimaginável, como os estragos indescritíveis que ela poderá causar à humanidade. Porém, nós estamos em 1905. Einstein é um sábio, um gênio. Não um adivinho. Quarenta anos mais tarde, a bomba atômica será concebida. Alguns atribuem a paternidade do desastre a Einstein. A intuição não oferece apenas coisas boas à posteridade...

Ao contrário das ideias aceitas, Einstein não obtém, em 1921, o Prêmio Nobel nem pelo artigo que trata da relatividade, nem por seu esboço da fórmula tragicamente mágica. O Nobel recompensará seu trabalho sobre o estudo da radiação luminosa. Esse trabalho não fez senão dar um impulso à revolução constituída pelo advento da física quântica.

No começo eram as trevas

Ele aboliu o tempo. Aumentou o espaço. Revogada a noção de absoluto, de simultaneidade! Atomizada a matéria. Os trabalhos de Einstein são hercúleos. Contudo, o jovem Albert não está totalmente satisfeito: na alvorada do século XX, a humanidade ainda ignora de onde vem a luz. A esse respeito, a física continua na pré-história, os sábios continuam mergulhados nas trevas. Ainda se pretende que o ar seja cheio de éter...

Einstein está convencido: é preciso esclarecer o mundo sobre a natureza dos fenômenos luminosos. Ele tem o pressentimento: a resolução dessa questão lhe permitirá generalizar sua relatividade restrita. Formular sua teoria geral da relatividade. Sua teoria da gravitação. A destituição de Newton passa pela demonstração da faculdade da luz de "sofrer a ação" da gravitação. A consagração de Einstein: lançar a luz sobre as verdades fundamentais; dizer sua verdade sobre a luz.

O artigo intitulado "Sobre um ponto de vista heurístico relativo à produção e à transformação da luz" vai estudar a relação entre fenômeno luminoso e matéria.

Einstein coloca como postulado a invariância da velocidade da luz, essa velocidade da luz medida pela primeira vez em 1676 no Observatório de Paris. Mas a invariância contradiz sua teoria relativista. Sua teoria está errada ou a velocidade da luz é variável?

Ele opta pela invariância da velocidade. Mesmo que isso contradiga sua teoria da relatividade. Transforma o paradoxo em axioma, em exceção à regra. Nada deve ser invariante, absoluto... excetuando-se a velocidade da luz!

Outra revolução dos espíritos. Einstein imagina, como Planck antes dele, que a luz não é corpuscular. A luz seria uma espécie de onda, uma onda e mais do que uma onda. Apoia-se nos trabalhos de astrônomos que, anos antes, estudaram a radiação de estrelas "duplas". Essas estrelas são astros de massas iguais, em rotação permanente, e uma mais próxima da Terra do que a outra. A análise de seu raio luminoso demonstra que o tempo levado pela radiação da estrela mais próxima para alcançar a Terra é idêntico ao da mais afastada. Einstein é o primeiro a concluir: a propagação da luz não depende de sua fonte. Ele continua o raciocínio. Em uma experiência do pensamento, imagina-se tentando perseguir um raio luminoso. Deduz a partir dessa experiência que a velocidade da luz é a maior velocidade que pode ser alcançada.

O que fazer do éter espectral? Se o éter existisse, esse "corpo material" aplicaria, segundo a lei de Newton, uma força e uma velocidade adicionais. Ele tornaria essa velocidade superior a c. Isso está em contradição com seu postulado, sendo portanto impossível. Adeus éter... E se a luz não se propaga no éter, e se ela se propaga a uma velocidade constante, é porque ela se propaga no vazio. O artigo "Sobre a eletrodinâmica dos corpos em movimento" teoriza sobre as características da velocidade da luz: ela é constante, propaga-se no vazio, possui a maior das velocidades, uma velocidade insuperável, cujo valor não depende de sua origem. Até então não utilizada, mas já presente nos trabalhos de Maxwell, a velocidade da luz no vazio, c, adquire assim seu significado fundamental de constante de estrutura do espaço-tempo.

Tudo isso quanto à velocidade, mas o que dizer da natureza, da constituição da luz?

Para Newton, a luz era um fenômeno corpuscular, um fluxo de partículas em movimento... no éter, essa "matéria" que ocupa o espaço.

Para Hertz e Maxwell, a luz não tem componente corpuscular, ela é de natureza ondulatória, ligada a rápidas oscilações de campos elétricos e magnéticos. Corpuscular ou ondulatória? Os trabalhos de Planck corrigem a teoria de

Hertz. A luz é, para Planck, composta de *quanta* ou de fótons. Entretanto, Planck tropeça na ausência de verificação desses cálculos pela experimentação. Para o sábio alemão, a emissão da radiação luminosa é descontínua, pois Planck não capta o aspecto arbitrário da frequência de emissão da radiação e sobretudo a dificuldade da emissão de luz de alta frequência. Planck pensa ter cometido um erro.

Para tentar se decidir entre as duas versões opostas e incompatíveis (a luz, onda ou partículas?), Einstein vai utilizar a mecânica estatística. Serve-se da teoria das probabilidades, transpondo-na para o domínio da radiação. Torna a partir da origem dos feixes luminosos. O aquecimento de um metal acarreta a emissão de partículas de elétrons. A energia luminosa produzida é veiculada por "*quanta*" – mais tarde se dirá "fótons". É o efeito foto... elétrico. (Esse efeito fotoelétrico é conhecido. Descoberto por Hertz em 1887, valerá o Prêmio Nobel a Lenard.) A energia dos *quanta* parece proporcional à frequência de calor aplicada ao corpo metálico. (Quanto mais se aquece o metal, maior será a energia, mais importante a luz emitida.)

O espectro luminoso depende das frequências das radiações luminosas. Mas por que, a certas frequências, não há emissão de raio luminoso? Planck recuou diante do obstáculo. Einstein vai superá-lo. A seus olhos, não nos encontramos no âmbito de uma lei contínua. Uma lei do tudo ou nada. Não existe, portanto, "campo contínuo de luz". Aplicando cálculos estatísticos, Einstein descobre que a energia luminosa não dispensa *quanta*, como pensa Planck, mas *porções* de *quanta*. Para Einstein, se a energia do *quanta* é insuficiente (a porção pequena demais), ela não o autoriza a obter a matéria, o elétron. Na ausência de emissão desse elétron, não há visualização luminosa.

Einstein serve-se dos trabalhos de Maxwell sobre a natureza da energia nos fenômenos eletromagnéticos e relaciona-os à luz. Sua abordagem probabilista, diferente da de

Planck, resulta numa fórmula da entropia* da radiação contida em um dado volume, de onde ele deduz a relação entre a energia e a frequência, E=hn, que atribui a uma propriedade da radiação. E conclui: "A energia da luz é distribuída de maneira descontínua no espaço, sob forma de '*quanta* de luz'.[1]" Do que Planck considerara um artifício matemático, Einstein faz a base de sua teoria. Ele introduz na física a quantificação da energia luminosa. O efeito fotoelétrico é explicado pela 'hipótese dos *quanta* de luz'".

Planck, em 1900, já havia consumado uma parte do trabalho – a "constante de Planck" permanecerá. Elevava-se a temperatura, aumentava-se a frequência, obtinham-se energias que tinham um espectro elevado, como o violeta. No entanto, restava intacto o mistério da propagação descontínua da luz.

Para Planck, a descontinuidade do espectro de energia luminosa permanecia inexplicável. Para Einstein, sua emissão descontínua se faz por frequência de oscilação. A luz possui propriedades ondulatórias *e* um componente corpuscular. Impensável paradoxo: as partículas não podem possuir propriedades ondulatórias e as ondas propriedades corpusculares. Frequência de oscilação e partículas são incompatíveis. Natureza ondulatória ou corpuscular, a ciência exige que se escolha. Einstein não escolhe. Mais exatamente, opta pelas duas soluções. Apoia-se nos trabalhos de Maxwell e Botzmann sobre a distribuição da energia de oscilação dos elétrons em um corpo e adota uma combinação *paradoxal* das propriedades ondulatórias e corpusculares.

Como os campos de fótons não podem preencher todo o espaço, o sábio emite o conceito de descontinuidade da radiação luminosa. Einstein associa a noção de *quantum* à de "probabilidade" de flutuação ondulatória. Uma energia torna-se proporcional a uma frequência. Total aberração para a física clássica! Um progresso imenso para a ciência moderna.

---

* A entropia traduz a degradação da energia em direção a um estado de desordem sempre crescente.

Conclusão de Einstein: a luz é constituída de um fluxo descontínuo de partículas que se desloca com uma energia que não depende senão da frequência da oscilação. Dualidade ondulatória e corpuscular, ausência de causalidade completa nos processos, eis algumas conclusões paradoxais e de uma audácia sem precedentes. Eis a teoria da produção e da transformação da luz segundo Einstein.

Einstein definiu – com outros, porém melhor do que eles – a natureza da luz. Esse avanço na compreensão do fenômeno luminoso, sem ser uma revolução à altura de sua teoria da relatividade, lhe valerá o Prêmio Nobel em 1921.

De Berna a Berlim

1906. Os cinco artigos que revolucionarão a ciência foram publicados no jornal de referência da física mundial. Einstein vive nas nuvens? Caminha, de cabeça erguida, ávido de revanche, diante do Polytechnikum que recusou seus serviços? A felicidade desabou sobre ele, impregnou sua vida, seu olhar e seus dias?

A cada manhã, Albert percorre o caminho que o leva ao Departamento de Patentes. Na estrada, contempla a grande Torre do Relógio, inalterável e mutante ao mesmo tempo. Exibe uma serenidade sem abatimento, tampouco alegria. A torre continua em seu lugar. Einstein, por sua vez, irá se mudar seis vezes na pequena Berna. Desde o quarto de empregada da Gerechtigkeitsgasse, onde redigiu seus primeiros esboços de artigos em 1902, até a casa da Aegertenstrasse, onde morou até 1909 com Mileva.

Em 15 de janeiro de 1906, obtém finalmente o título de doutor na Universidade de Zurique com uma tese que tem por título "Sobre uma nova determinação das dimensões moleculares".

Nada muda realmente em sua existência um tanto morna. Nenhuma metamorfose em sua atitude um pouco cansada ao atravessar a calçada para entrar no recinto do pequeno escritório. Os dias escoam-se, sem alegria nem tristeza. No começo, Albert ficava aguardando com ansiedade o carteiro, à espera da notícia que abalaria a morosidade das horas. Agora, ele passa diante da caixa de cartas sem um olhar. Sua impaciência congelou-se. O homem aguarda o funesto dia em que se considerará um incompreendido. Em alguns meses, o sábio passou dos ápices exaltantes da criação aos frios desertos da melancolia.

Uma única alegria vem iluminar a bruma de seus dias. Em 14 de maio de 1904, nasce seu primeiro filho, Hans Albert.

Esse instante permanecerá como um dos mais felizes de sua vida de casal, a realização de sua vida com Mileva. Ela apagará a lembrança do primeiro parto, mesmo que nada desfaça totalmente o sentimento de covardia e abandono associado ao nome de Lieserl. Uma criança não expulsa a outra.

Nesse mês de maio, Einstein, louco de alegria, corre pelas ruas da cidade ao anúncio do nascimento. Enxuga a testa da mãe, dá-lhe um terno beijo nos lábios, depois segura o bebê nos braços, esboça uma dança com ele, aperta o filho contra o corpo, nina-o com uma mistura de ternura e inquietação. Talvez as lágrimas escondam algumas gotas de amargura, uma ponta de remorso. A luz filtrada do dia mostra apenas um pai admirável, abrindo seu coração para um pequeno ser chorão.

Einstein manterá sempre, apesar do tempo, a despeito dos acontecimentos, das tragédias, da distância, uma afeição profunda por sua progenitura. Um genitor modelo? Talvez não se deva pedir tanto de um gênio obcecado pela conclusão de sua obra. Mas um pai atencioso, sempre presente durante os momentos de dor e de alegria.

Ele passa por outros momentos de sossego durante as reuniões da Academia Olympia com Solovine, Habicht e Besso. Na grande cervejaria de Berna onde a comissão organiza seu conciliábulo, o mundo é refeito, sonha-se com a revolução trazida pelos trabalhos de Einstein. Fazem-se projetos quiméricos. Brinda-se um futuro glorioso. Só os quatro exaltados parecem crer na grande noite da física. A celebridade? Sim, o garçom do estabelecimento reconhece Albert, oferece-lhe sua melhor mesa, saúda-o quando ele sai para a noite escura. Na pequena cidade suíça, tudo é silencioso e calmo. Ajudado pelas sombras que atravessam as ruas, Einstein pressente a chegada de um destino grandioso? Alguma coisa o aguarda em outro lugar? Uma razão de ser, um caminho de glória? Ou seus artigos ficarão nos *Annalen*, como num porão esquecido? Os dias vão passando e, com o olhar perdido sobre o rio Limat, ele tem a sensação de ter atirado uma garrafa no mar. O pergaminho enfiado dentro dela jamais será decifrado.

Seu único sucesso, o futuro Prêmio Nobel o obtém do Departamento de Patentes. Concedem-lhe um aumento de salário e a promoção para o grau de perito de segunda classe graças à sua assiduidade.

Em 1908, ele é finalmente autorizado a ensinar na Universidade de Berna. Dão-lhe o título de *Privatdozen*. Recebe uma remuneração meramente simbólica. Suas aulas serão sobre a teoria cinética e a teoria da radiação. Durante meses, seus ensinamentos serão seguidos por uma assistência de três ou quatro estudantes – essencialmente gente próxima, Michele Besso, sua irmã Maja...

Ele aspira à glória. Permanece convencido da iminência dela. Suas dúvidas são areia sobre a rocha de suas certezas. O vento dos dias próximos irá varrê-las. Sua convicção permanece intacta. Sua ambição não enfraqueceu. Perseguir a edificação da teoria da relatividade. Essa teoria ainda é "restrita", limitada a *um* sistema de referência. Pretende generalizá-la a *todo* o sistema referencial. Seu modelo continua sendo Newton. Ele inventará a *sua* teoria da gravitação. A que governará o curso dos astros e a marcha dos homens. Continua adepto de seu método de reflexão favorito. A "experiência do pensamento". Esse método, desprezado pela maior parte dos pesquisadores, mas caro tanto a Galileu quanto a Copérnico, não se apoia em cálculos teóricos complexos ou na mistura explosiva de substâncias raras. Essas experiências imaginárias são fruto da aliança de pragmatismo, intuição e puro gênio criador. Elas se desenvolvem no terreno do conhecimento e do saber. Aplicam-se ao estudo dos fenômenos naturais. Foi como Galileu chegou à descoberta das leis da queda dos corpos.

Einstein, depois de estabelecer a relação entre a massa e a energia*, procura fazer o movimento intervir em sua equação. Estuda a relação entre energia e gravitação, energia e movimento.

Voilà! Uma manhã, em seu pequeno escritório mergulhado na penumbra, ocorre-lhe, como se fosse uma graça, o que ele chamará de "a ideia mais feliz da [sua] vida".

Dedica-se, concentrado, como um pintor diante da tela, a uma de suas "experiências mentais". Na paleta, números, equações, mas também objetos e seres, a vida em movimento, elevando-se do solo em direção aos ares. Einstein é o imaginário de Chagall e o rigor de Bach mergulhados em um poço de ciência.

Se uma pessoa cai em queda livre, ela não tem consciência de seu peso. É simples assim. Mas ninguém pensara nisso desde que Aristóteles se esforçara para responder à pergunta sobre a gravitação. Melhor ainda, se o homem deixa cair no mesmo instante uma pedra, ele não verá a pedra cair; a pedra permanecerá imóvel a seus olhos, descendo na mesma velocidade que ele, ao passo que o observador afastado assistirá à queda da pedra. A própria gravitação é relativa! Tal ideia, tão banal na aparência, provoca uma espécie de sismo interior. Einstein experimenta a sensação de ter encontrado o caminho de sua teoria gravitacional, da relação entre a massa e o movimento. Se não sentimos mais nossa própria massa, isso significa que é impossível conhecer a natureza do campo de gravitação no qual nos encontramos, sendo impossível saber se estamos em estado de aceleração ou repouso. Einstein inventará uma variante ainda mais surpreendente dessa ideia, seu célebre "elevador" imaginário. A "caixa", "colocada" no vazio, tracionada para o alto, sofre um movimento de *aceleração* constante. Os objetos colocados dentro dessa caixa, em estado de falta de peso, estão ligados pelo assoalho do elevador à velocidade constante. O

---

* A energia de um corpo é proporcional à sua massa.

homem, dentro do elevador, constatará que os objetos são animados por um movimento de peso *constante*, tal como se ele estivesse dentro de um elevador imóvel no chão. Ele mesmo não "sentirá" a diferença, dentro desse elevador se elevando no vazio com um movimento constantemente acelerado ou dentro de um elevador parado e imóvel, e submetido ao campo de peso terrestre. *Eureka!* Aceleração e peso são equivalentes! A revolução relativista em marcha... dentro do cérebro de um homem recluso numa cidadezinha suíça.

As ideias progridem a uma velocidade louca no espírito de Einstein. Contudo, as opiniões evoluem também nas mentalidades dos sábios. A verdadeira bomba lançada no mundo da física pela difusão dos *Annalen der Physik*, em 1905, provoca um lento, porém seguro, sismo no universo científico.

A mil léguas de Berna, no centro da capital prussiana, num escritório bem-instalado cujas paredes são cobertas de livros e revistas, um homem relê as páginas de uma revista. Tem o olhar fascinado. Dá a impressão de estar febril. Vira uma por uma as páginas, volta um instante a uma página precedente, retorna à seguinte, apanha outro número da revista, faz a mesma coisa. Acredita nos próprios olhos? Seu rosto não consegue se despregar da leitura. Às vezes, com um gesto mecânico, toma algumas notas num pedaço de papel, com o olhar sempre fixo nas páginas. É ele quem dirige essa revista, assim como dirige a cadeira de física da Academia de Berlim, a mais prestigiosa da Europa. Esse homem é o inventor da física moderna. Ele esboçou o conceito da radiação luminosa. Esse sábio emérito, considerado por seus pares o maior teórico vivo, é o professor Planck. Eis que, há várias semanas, ele não cessa de retomar, de reler, de refletir sobre os artigos de um desconhecido chamado Einstein.

Os artigos que ele leu e releu cem vezes em sua própria revista, as folhas de papel de um ilustre desconhecido publicados em seu jornal tão prestigioso, foi ele que escolheu editá-los durante os anos de 1905 e 1906, à medida que iam chegando. Esse homem que viu tudo, que conhece tudo, crê adivinhar no homem que fez chegar até ele os artigos e sobre o qual nada sabe o Copérnico dos tempos modernos.

Na primavera de 1906, depois que os cinco artigos foram publicados em sua própria revista, Planck decide pegar a caneta. Numa carta com o cabeçalho da Academia de Berlim, começa a redigir um artigo bastante breve. Uma vez terminada a carta, rubrica-a e entrega-a ao secretário com a incumbência de colocá-la dentro de um envelope. O homem acaba de assinar com a própria mão a entrada de um homem no panteão das ciências.

Essa carta, publicada em um jornal de física, louva os artigos do denominado Albert Einstein em termos que fariam corar o interessado. Planck pressente a descoberta da teoria da relatividade como um acontecimento fundamental. O nome do "Copérnico" é enunciado; a carreira de Einstein é lançada.

Caminhando pelas ruas de Berna, Albert dirige um olhar indiferente para a Torre do Relógio. O tempo começou a avançar!

Então se seguirá uma troca de cartas entre o Mestre das instituições e o sábio em ascensão. Depois disso, Planck mandará seu assistente Max Laue encontrar-se com o superdotado. É como se ele, querendo verificar a veracidade de toda a "história", quisesse, antes de ele mesmo conhecê-lo, saber como era o jeito do tal homem. Max Laue está de posse do relatório. Ao voltar para junto de Planck, transmite-lhe sua surpresa de ter cruzado com o cérebro de gênio nos obscuros corredores de um pequeno departamento de patentes bernense. O encontro foi marcado com o professor.

Em Munique, em Göttingen, em Paris, o artigo entusiasta de Planck foi lido. Procuram-se nos arquivos os números dos *Annalen* que passaram despercebidos. Dissecam-se os trabalhos de Einstein. Ninguém acredita nos próprios olhos. Alguns se inflamam diante da revolução anunciada, outros falam de exagero. Outros preferem aguardar. Outros ainda, mais temerários, começam a mencionar a nova teoria em suas aulas.

Em 1909, a Universidade de Zurique desperta. Os homens da faculdade compreendem que dispõem, a dois passos de sua casa, de um jovem sábio cujas ideias estão em vias de fazer tremer o mundo das ciências. Interrogam-se sobre a oportunidade de oferecer a um desconhecido um posto de professor "extraordinário". Um cientista já está na corrida por esse posto. É Friedrich Adler. O homem, um exaltado, travou conhecimento com Einstein alguns meses antes, justamente em Zurique. Ele era lá seu "professor de política". A faculdade, curiosamente inspirada, escolheu finalmente Adler. Friedrich é informado da notícia ao mesmo tempo em que do nome daquele com quem competia. Adler decide desistir diante do "gênio" einsteiniano. (Como já dissemos, esse mesmo Friedrich Adler se afastará das ciências pelo ativismo político e será, em 1916, o assassino presumido do primeiro-ministro da Áustria, o conde Stürgkh!)

Outono de 1909: a família Einstein deixa Berna por Zurique. Em outubro, Albert assume o posto de professor de física na universidade. Mileva redescobre uma cidade que ela adora. Ela, tão instável, insatisfeita, começa a viver dolorosamente o sucesso crescente do marido. Contudo, nas ruas de Zurique, ela respira a felicidade flanando pela cidade, arrumando o apartamento da família. Encontrou um lugar onde quer se estabelecer. O local onde viverá grande parte de sua existência. No dia 28 de julho de 1910, nasce lá seu segundo filho. Dão-lhe o nome de Eduard.*

---

* Eduard residirá em Zurique até sua última hora, em 1965. Infelizmente, ele passará a maior parte de seus dias encerrado no hospital psiquiátrico da cidade.

Nesse ano de 1910, Einstein é um homem realizado, pai feliz de dois filhos e prestes a ser reconhecido. Seu destino vai bifurcar totalmente para os caminhos da glória. Planck escreveu para o presidente da Universidade de Praga. A faculdade goza de um prestígio à altura da de Berlim. Na missiva, Planck expressa a essência de seu pensamento a respeito de Einstein. Afirma que considera o sábio como o Copérnico do século XX. Recomenda ao colega contratar os serviços do jovem sábio. Paralelamente, Einstein obtém, ao mesmo tempo que Marie Curie, o título de doutor *honoris causa* da Universidade de Genebra.

Setembro. Albert se encontra, durante um congresso, cara a cara com seu mentor. Os dois homens não se conheciam. O encontro pode selar o destino do jovem sábio. A corrente vai passar entre os dois mestres da eletromagnética? A entrevista se desenrola da melhor maneira possível, ocorrendo como se fosse um encontro de colegas, e não como uma confrontação. Marcará o começo de uma relação baseada no respeito recíproco, a qual se transformará em sólida amizade. Os elos tecidos ao longo dos anos resistirão aos constrangimentos mais poderosos advindos das horas negras dos anos 1930.

Na Universidade de Zurique, as aulas do doutor Einstein são concorridas. Findos os anfiteatros vazios da faculdade de Berna, onde se ouviam as moscas voando. A fricção das canetas-tinteiros sobre as páginas faz eco às lições do mestre. As pessoas acorrem para escutar o novo fenômeno das ciências físicas. Fariam qualquer coisa para chegar perto do "novo Copérnico". No entanto, todos admitem e lamentam, o ensino dispensado é confuso, desigual. Os domínios que não empolgam Albert passam às pressas. Às vezes, percebe-se o desinteresse, a irritação na voz do mestre. Mas também há vezes em que a aula é atravessada por fulgurâncias e cintilações que as pessoas não perderiam por nada no mundo e que apagam a monotonia das horas passadas.

Também nos meios intelectuais da cidade, Einstein torna-se uma figura indispensável. A boa sociedade zuriquense inteira o acolhe de braços abertos. Albert encontra-se várias vezes com Gustav Jung. Todos disputam o casal Einstein à mesa. Parece que uma vida inteira poderia escoar-se no recinto daquela cidade. Existência feliz no umbral da glória, existência sossegada, felicidade familiar.

Não se interrompe assim o curso de um destino. É preciso galgar os degraus, prosseguir na estrada, no caminho que leva à celebridade. O destino de Einstein era deixar a calma de uma vida familiar regrada. A notoriedade ultrapassa agora as fronteiras suíças. Einstein terá de transpô-las também. O destino passa por Praga, atravessa a escadaria de uma escola mais prestigiosa.

1910: por intermédio de seu ministro da Educação, o imperador da Áustria Francisco José convoca os serviços do sábio para dirigir a cadeira de física da universidade alemã de Praga. Para Einstein, é a consagração.

Mais uma vez, porém, são dois na disputa. Einstein tem diante dele a pessoa de nome Jaumann, sábio incomparável, mas cuja aura não alcança a de seu concorrente.

A escolha é deixada nas mãos de Anton Lampa, físico emérito da prestigiosa universidade. Albert é sua primeira escolha. Lampa tem o apoio de Planck. Contudo, no final, decide-se por Jaumann. Recomendações foram enviadas pelas mais altas instâncias. Trata-se de uma questão de preferência nacional... racial, traduzirá Albert.

Então, a história se repete. Como Adler antes dele, Jaumann, informado de que era a segunda escolha, imposta pela administração, escolheu afastar-se! Março de 1911, Albert é entronizado em um dos templos da física europeia.

A Universidade de Praga é a mais antiga da Europa central. Ernst Mach, o pai da física, foi seu reitor. Penetrando no recinto da faculdade, Einstein entrará na corte dos grandes.

Ele deixa Zurique. Depois de Ulm, Munique, Aarau, Berna... Desta vez, Albert não está mais sozinho. Na porta do número 53 da Aegertenstrasse, Mileva retém as lágrimas. Hans Albert ainda é jovem para compreender. Eduard já tem aquele ar ausente de mau augúrio. Mileva não quer deixar Zurique. Mileva não pode reter Albert. Einstein promete mandar buscá-los assim que estiver instalado. Ela jura que se encontrará com ele. O coração sente outra coisa. Com uma pequena mala de viagem numa mão, o violino na outra, Einstein vai embora para pegar o trem.

Ele mora no número 2 da Lesnicka Ulice, um belo imóvel de formas modernas, num bairro burguês da cidade. Sobe as ruas da velha cidade, extasia-se diante da beleza das fachadas, da animação dos cafés, passa diante da majestosa torre do Observatório do Clementinum, que domina a velha cidade e em cujo interior ele dará suas aulas. Dá uma volta pelo laboratório de física onde trabalhará: a janela do seu escritório dá para um asilo.

Sua primeira visita é para Ernst Mach. O homem que deu suas cartas de nobreza à física moderna é agora um ancião. No caminho que leva à casa de Mach, Einstein rememora a estrada que o conduziu até ali. No instante de transpor a soleira, seu coração está acelerado. Ele entra, cheio de emoção, de gravidade. Avalia o alcance do instante, o caminho percorrido. Está agora sentado na frente do ícone vivo. O que tem para dizer se presta ao sorriso. Diante de quem teria tanto a lhe ensinar, Einstein encadeia um longo discurso. Albert tenta convencer Mach... da realidade da existência dos átomos. O homem, conhecido por seu ceticismo, permanece conforme à sua reputação. Nada convencido, envolto na própria dignidade, despede Albert depois de uma breve conversação, que se parece com um monólogo. Einstein deixa Mach, tanto no sentido próprio quanto no figurado.

Na velha cidade de Praga, Albert se vê envolvido num turbilhão de encontros inéditos. A capital da Boêmia é também a do fervilhamento intelectual. Bem depressa, Einstein tem sua própria mesa no café Louvre. Cruza com a fina flor dos escritores de Praga. Passa noites inteiras ao lado de Hugo Bergmann, discute até a hora de fechar com Max Brod. E depois, há aquele rapaz de chapéu, tão sombrio, tão enigmático, que fala tão bem de literatura. Einstein reconhece Kafka.

Entre o laboratório de física e as mesas das cervejarias, o sábio encontrou seu éden. No cruzamento das ciências, das artes e da política.

Pela primeira vez, ele se sentirá confrontado com o problema de suas origens. Questão que pensava ter resolvido desde os doze anos, quando, após anos de devoção ao Deus de seus pais, ele escolhera abandonar toda a prática e até mesmo toda a crença na religião mosaica. Doravante, a partir de seus encontros com Max Brod, um obcecado pela problemática, a questão judaica vai persegui-lo até a véspera de sua morte, quando Ben Gurion virá lhe propor a presidência do recentíssimo Estado de Israel.

Em Praga, no que diz respeito a essa questão, também se está tão longe do desdém complacente de seu pai a respeito de qualquer forma de ortodoxia quanto da manutenção plena e irracional da tradição familiar de Pauline. Einstein descobre ali uma comunidade que vive sua judeidade segundo um modelo de questionamento intelectual extremamente rico e complexo, inteiramente voltado para as perturbações que agitam o mundo exterior e sensível às novas ideias políticas. Ele percebe sobretudo o que nunca tinha abordado, nem sequer imaginado: a existência de uma "*intelligentsia*" judia. Só tinha em mente, com respeito às populações judias, a lembrança dos relatos de Talmud, das massas da Polônia e da Rússia enfrentando perseguições e permanecendo fechadas sobre si mesmas. Aqui, a comunidade israelita está, como nenhuma outra, no centro de uma problemática que culminará nos dramas que ainda estão por vir. Uma comunidade que está sendo sacudida por aspirações contrárias. É atraída pela cultura alemã, mas pretende ser estrangeira em relação à todo-poderosa comunidade germânica – os alemães dos Sudetos que se mostram muito chegados às teses racistas nascentes. Uma comunidade judia que se sente, contudo, afastada dos sentimentos antialemães professados por muitos tchecos. Considerada pelos tchecos semelhante aos alemães, desprezada pelos alemães na qualidade de judia, essa comunidade parece encarnar a futura e não muito confortável condição de Einstein.

No coração desse meio intelectual judaico bastante ativo, presa de exaltações ideológicas de toda natureza, o cientista, impregnado de filosofia, parece finalmente penetrar nos bastidores da História. É provavelmente nos cafés de Praga que Einstein tomará consciência de que sua vida não se limitará ao estudo de fórmulas matemáticas atrás de uma escrivaninha, nem à ascensão para a glória, cadeira após cadeira, nas universidades da Europa.

Aqui, mais do que em outros lugares, percebem-se os primeiros sopros do vento ruim da História. Assim, um dos heróis de um romance de Max Brod terá claramente Einstein como modelo. E Albert também se senta na mesa com um jovem escritor judeu, atormentado mas afável, totalmente desconhecido, de nome Kafka, cujo *Diário*, diferentemente dos romances, mostra uma grande ligação com as origens e um interesse pela ideologia sionista. Einstein vê paulatinamente crescer sua ligação com a questão da nação judia. Talvez o jovem Franz tenha-lhe confiado as inquietações relatadas em seu *Diário*. Kafka escreverá em 1919, tomado por uma inacreditável premonição: "Ameaças ameaçam os judeus".

A principal preocupação de Einstein, entretanto, continua sendo refinar, rever, generalizar ou corrigir suas teorias. O tempo passado na Universidade de Praga é dedicado ao trabalho de pesquisa mais do que ao de professor. Durante toda a sua carreira científica, e seja qual for a universidade onde exerça o magistério, ele se mostrará um professor bastante sofrível, pouco preocupado com a coerência, com o andamento de seus cursos, com a assiduidade dos alunos. Einstein não tem a veia pedagógica. As faculdades que mais tarde o contratarão o farão conscientes disso. É ao pesquisador que oferecem uma cadeira de ensino.

Em Praga, Einstein finalmente delimitou seu tema, aquele cuja resolução o conduzirá à sua teoria gravitacional e que o consagrará como o maior físico do século: as relações entre a radiação luminosa e o movimento. Em 1911, ele faz um progresso importante e divulga-o através de um documento chamado "A influência da gravitação na propagação da luz".

Ele prossegue em sua dupla busca, uma no campo da gravitação, outra no campo luminoso. Trabalha em um novo documento, que será publicado em 1912 e fará época. Seu título: "Fundamentos termodinâmicos da lei de equivalência fotoquímica". A teoria dos *quanta* continua com a interrogação sobre a constituição do fenômeno luminoso, com a aparentemente insolúvel contradição entre ondulação e efeito corpuscular.

O estudo dos fenômenos óticos parece responder às lacunas que subsistem em suas teorias sobre os campos de gravitação. Ele enuncia um "princípio de equivalência", que atinge a física clássica tão intensamente que os astrônomos irão, dentro de pouco tempo, organizar várias expedições para verificar suas teorias na ocasião de um eclipse solar.

Em outubro de 1911, Albert conhece uma outra consagração. Um rico industrial belga, Ernest Solvay, apaixonado por física, organiza em Bruxelas uma conferência, reunindo os vinte maiores físicos mundiais. O "Congresso Solvay" será futuramente um encontro regular da ciência mundial.

O assunto daquele ano foi "O problema dos *quanta*". A questão de predileção de Einstein. Albert é convidado. Ei-lo penetrando no semicírculo, anunciado pelo mestre de cerimônias. Antes e depois dele, anunciam-se os nomes mais prestigiosos da física mundial: Sir Ernest Rutherford representando a Inglaterra; M.M. Henri Poincaré e Paul Langevin representando a França; o ilustre Max Planck, pioneiro da teoria dos *quanta*, e Walter Nernst, delegados pela Alemanha; madame Marie Curie, delegada pela Polônia, já laureada com o Nobel de Física em 1903 e nesse ano laureada com o Nobel de Química; Doktor Albert Einstein, representante do velho imperador Francisco José da Áustria-Hungria... Do alto de seus 32 anos, Albert é o mais jovem à mesa dos grandes. Dois anos antes, ele ocupava o posto de segunda classe no Departamentos de Patentes de Berna.

Praga não será mais do que uma etapa.

Outro imperador, mais valoroso do que Francisco José, que nutre as mais altas ambições para sua nação, fará com que o curso da existência de Einstein seja mais uma vez desviado. É o imperador da Prússia, Guilherme II. O Kaiser quer ter acesso à categoria das nações mais poderosas. Julga ainda insuficiente o nível das instituições científicas alemãs. A seu ver, é urgente cercar-se dos melhores pesquisadores do momento. Guilherme II é ele mesmo um aficionado por física e química. Max Planck tem sempre a porta aberta no palácio. Planck pleiteia a vinda de Einstein para o seio da Kaiser Wilhelm Gesellschaft, o instituto almejado pelo imperador. Planck se esforçará muito para convencer Einstein a acompanhá-lo na aventura. Planck, o mestre inconteste da física contemporânea, quer fazer com que o jovem na casa dos trinta anos entre para a Academia das Ciências da Prússia. Convencer Albert a se colocar a serviço do Reich!

Ao mesmo tempo, para a família Einstein, a experiência de Praga se transforma em catástrofe. Mileva detesta essa cidade. A saudade de Zurique a consome. Sente falta da montanha suíça, da calma da cidade. Em Praga, mais ainda do que em outro lugar, sente-se uma estrangeira. Não gosta de percorrer o calçamento da cidade velha. Abomina a agitação dos cafés. Pior, os elos com o marido vêm se distendendo com o passar dos meses. O curso de suas existências divergiu demais desde os dias felizes de Zurique. Mileva sente-se excluída do círculo dos cientistas que cercam Albert. Parece distante o tempo em que juntos tentavam resolver equações. Mileva lembra-se das noites passadas a reler os artigos de Albert, a corrigir aqui e ali um erro de datilografia, a propor uma outra formulação das coisas. Os dias de glória chegaram, mas, com eles, evaporaram-se todas as efusões de ternura, todo sentimento de intimidade. Mileva sente-se isolada. Ela esperava que o nascimento de Eduard mudasse o curso dos acontecimentos, estreitasse o círculo familiar. Não foi nem um pouco assim. Albert afastou-se. Albert não reconhece mais Mileva. Suas alternâncias de fases de excentricidade e períodos de melancolia o desorientam. Rapidamente, vão deixá-lo insensível. Algumas pessoas do seu círculo têm dúvidas acerca da saúde mental de Mileva. Menciona-se o termo esquizofrenia. É catalogar um pouco depressa um desespero infinito. O nascimento de Eduard também fez reviver no inconsciente o traumatismo do nascimento e do desaparecimento de Lieserl.

Enquanto, em Berlim, Planck esforça-se para fazer vir Einstein, a Escola Politécnica de Zurique oferece a Albert o posto de professor com que ele sonhava. Sim, o Polytechnikum, onde ele teve tanta dificuldade para entrar como aluno, onde lhe recusaram um posto de assistente, esse lugar onde ele conheceu e amou Mileva, insiste para que aceite a cadeira de física. Sua esposa pede-lhe que aceite. Ele hesita. Ele não está bem em Praga, no meio do seu círculo de amigos? Por que andar para trás? A insistência de Mileva vence suas hesitações. Einstein aceita finalmente. Julho de 1912, eis o retorno do menino prodígio. A família está de novo reunida em um local acolhedor. Reencontro com os amigos de antigamente, Grossmann, Hurwitz. Retomam-se as sessões de música de câmera; Albert trabalha mais assiduamente o violino. Tocam Mozart, tocam Schumann. A notoriedade de Albert muda a situação. Gente dos quatro cantos do globo vem conhecer aquele que atraía quatro pessoas nas suas aulas em Berna.

Sonhavam com espaço, luz, reconhecimento e calma. Logo se festejarão os dez anos de casamento com Mileva. O que mais pedir da existência? A felicidade. E Albert está infeliz. Albert vive um tormento interior. A vontade de manter as aparências esconde um drama sentimental. Durante uma viagem à Alemanha, Albert conheceu Elsa, sua prima. Elsa, o exato oposto de Mileva. Elsa, a doce. Elsa, a desejosa de agradar. Elsa, divorciada muito jovem, que não esconde sua paixão pelo primo. Elsa mora em Berlim. Berlim que estende os braços para Einstein, enquanto Mileva perde a cabeça em Zurique. Mileva mergulha na depressão. Mileva sofre no próprio corpo também. Terríveis crises de reumatismo a imobilizam, chegando até a paralisá-la.

Albert aceita realizar o velho sonho de Mileva: partir para a Sérvia, para Novi Sad, para a família dela. Tudo parece se passar na mais total harmonia. Contudo, um domingo, sem que Albert tenha sido informado, e enquanto ele prepara a partida, Mileva conduz os dois filhos à igreja e manda batizá-los. Às escondidas. Einstein fica furioso como certamente nunca esteve antes. Sente-se traído pelo gesto da mulher. Deixa Novi Sad, não volta para Zurique e segue para Berlim. Ignora-se se Elsa será sua consoladora.

Sabe-se, por cartas a seus próximos, que Albert sente-se terrivelmente culpado. Sabe-se também que Mileva mergulha cada vez mais na depressão.

Max Planck torna-se mais insistente e mais persuasivo. Como um físico de trinta anos pode recusar uma proposta de Planck?

Albert hesita. Lembra-se de como detestava o espírito prussiano. Sabe que Mileva abominará mais ainda Berlim, ela que detesta Praga. A vida em Berlim é concebível? Sob o impulso de Guilherme II, Berlim está se tornando a capital do mundo científico. Não se pode dizer não ao professor Planck. E, ademais, em Berlim mora Elsa. Albert pode dizer não a Elsa? Pode se recusar a ir ao encontro da felicidade?

As guerras de Einstein

Abril de 1914: Einstein instala-se em Berlim. Mileva vai rapidamente se juntar a ele com os dois filhos. Berlim será o túmulo do casal. Mileva está louca de ciúme. Ela vê pairar a presença de Elsa até na decisão tomada pelo marido de se estabelecer na cidade. Outros rumores falam de uma relação amorosa entre Mileva e um professor de Zagreb. A situação envenena-se. Em meados de julho, sobrevém a ruptura. Curiosamente, e antes mesmo do divórcio, a separação se dará sob a forma de um contrato escrito pela mão de Einstein. O sábio fixa de maneira um pouco fria e determinada as condições de vida da família. Exige que Mileva renuncie a qualquer intimidade com ele. Chega até a estabelecer que renuncie a lhe dirigir a palavra quando ele manifestar essa vontade!

Mileva e seus dois filhos encontraram asilo na casa de Fritz Haber, o eminente químico, amigo de data recente de Einstein cujo conselho foi determinante em sua vinda para a Academia berlinense. O amigo Fritz fará as intermediações.

Durante anos, muito tempo depois desse episódio, Einstein experimentará um terrível sentimento de culpa diante do *diktat* imposto a Mileva. Seu outro e grande desgosto será, pela mesma razão, ter se separado dos filhos. Porém, seja qual for a imagem de marido detestável que ficará de sua pessoa, Einstein foi um pai amoroso. Einstein gostava de ter tempo para brincar com os filhos, aproveitar longos momentos de ternura. A separação de Mileva não anuncia apenas o fim de uma história de amor tumultuosa e caótica; ela anuncia o fim de seu papel de pai.

Final de julho: Mileva e os dois filhos deixam Berlim e vão para Zurique. Einstein vai até a plataforma, apoiado por Haber. É preciso imaginar a cena. O homem de quem se guarda a imagem de gênio ativíssimo tem o rosto mergulhado nas mãos e contém as lágrimas. Quando o trem deixa a estação, explodem os soluços de um homem no ápice de sua glória científica, porém na mais profunda infelicidade sentimental.

No mesmo mês de julho de 1914, apenas alguns dias mais tarde, a estação de Berlim ressoa com um tumulto estrondoso e bem diferente. Nesse verão de 1914, pelas ruas da cidade como em todo o Império Germânico, explode um clamor. Nas mentes e nos corações retumbam marchas militares. Aquelas mesmas que, desde a mais tenra idade, Albert sempre temeu, detestou. O estalar das botas faz tremer o asfalto. Os apelos à guerra, o anúncio do grande combate suscitam entusiasmos, nutrem os sonhos de poder e glória. Bismarck semeou rastilhos de pólvora que um riscar de fósforo vai agora inflamar. Em Sarajevo, atiraram em um arquiduque. O tiro vai incendiar a Europa. O Reich vai finalmente entrar em luta com os vizinhos. A Prússia prosseguirá com seu apetite de conquistas. O Império inteiro está pronto para a carnificina. Embriagam-se todos com o perfume da flor no fuzil, com seu odor de enxofre.

No dia 29 desse mês de julho de 1914, Albert deixa a estação de Berlim, arrasado, com as costas curvadas. Três dias mais tarde, em 1º de agosto, os primeiros soldados prussianos entram, de cabeça erguida, no hall da estação. A guerra foi declarada. Primeiro contra a Rússia; depois, em 3 de agosto, contra a França.

O mundo com que Einstein sonhava desapareceu. Concretizaram-se os pesadelos que ele tinha quando criança, quando via desfilarem pelas ruas de Munique os capacetes pontudos diante das massas exultantes.

Ele que, adolescente, preferira tornar-se apátrida para não assumir a cidadania alemã, percorre naquele dia a capital que parte para a guerra. Sozinho. Sua família no exílio.

Ironia da história: no dia em que Mileva, a sérvia, deixa Albert às origens austro-húngaras, o imperador da Áustria-

Hungria declara guerra à Sérvia e desencadeia a Primeira Guerra Mundial...

Albert quer manter as esperanças. Está convencido de que o meio científico da Alemanha e da França colocará todo o seu peso e toda a sua aura a serviço da paz. Os sábios terão como única preocupação fazer progredir a humanidade, lutar contra a barbárie e a carnificina que se anunciam!

Albert se desencantará.

Em vez de uma prece pela paz, um manifesto pela guerra é proposto à assinatura dos mais eminentes cientistas alemães. Todos aporão sua rubrica embaixo do "Manifesto dos 93". Eis a contribuição dos sábios ao esforço de guerra, a primeira de uma longa e aterrorizante lista. Ao percorrer o nome dos signatários, Albert fica arrasado. Três de seus mais eminentes colegas figuram nos primeiros lugares. Dentre os primeiros, está Philipp Lenard, feroz nacionalista que se tornará mais tarde o pior inimigo de Einstein. Mas igualmente Nernst, um dos que contribuíram para a vinda de Einstein a Berlim. Pior, lá está também Haber, o amigo Fritz, aquele que tanto fez para que a separação de Mileva se desenrolasse do modo menos ruim possível. No entanto, o mais grave para Albert é a presença de Planck, o grande Max Planck, o pai da física moderna, engajado na guerra. No manifesto, os cossignatários chegam a justificar a violação da neutralidade da Bélgica pelo exército alemão, ato que é unanimemente considerado o primeiro ato de barbárie do conflito.

Pior ainda, o manifesto afirma a equivalência entre cultura alemã e militarismo alemão.

Os colegas de Einstein não se contentarão apenas em assinar. Colocarão seu saber e sua inteligência a serviço da guerra. Eles se esforçarão para melhorar, para inventar as máquinas mais mortíferas. Essa guerra será a primeira na qual os sábios se atirarão de cabeça, semeando a morte a golpes de avanços tecnológicos. A cada manhã, eles entram em seus laboratórios como quem parte para o front.

Fritz Haber, o amigo Fritz, dirige o instituto de química no qual Albert trabalha. Haber orienta todas as pesquisas de seu laboratório em proveito da máquina de guerra. Haber sente-se galvanizado pela guerra. Vai fazer o que pode para colocar o progresso técnico a serviço da barbárie. Suas experiências permitirão, a partir de 1915, a produção de gases mortais à base de cloro. Seis meses depois do começo do conflito, ele irá até o front oeste para assistir à consagração de seu trabalho: o primeiro ataque de gás sobre as trincheiras inimigas. Milhares de soldados aliados morrerão asfixiados, vítimas de uma experimentação que rapidamente passa para o estágio industrial. Haber será promovido ao grau de major pelo exército alemão. O amigo Haber será inscrito na lista de criminosos de guerra na ocasião do tratado de Versalhes.

O que faz Albert, o que ele pode fazer diante desse desencadeamento de violência e ódio, diante dessa enxurrada nacionalista? Nas calçadas de Berlim, em toda parte onde seus passos o levam, as fanfarras, os vendedores de jornais celebram a guerra, o avanço alemão, as vitórias passadas e por vir. Albert está preso na multidão de cortejos que apoiam as tropas de partida. Está sozinho no meio de um povo exultante. Exclamam em toda parte: a Alemanha e a Áustria estão em estado de legítima defesa. Não vamos nos deixar esmagar pelos "Aliados", esses criminosos, esses bárbaros. Parte-se para a carnificina sob brados de guerra. Os telegramas sucedem-se, anunciando vitórias. O exército francês recua. A frota inglesa afundou, o exército russo bateu em retirada. O manifesto proclamava: a cultura – Goethe, Beethoven – é alemã. E a vitória será alemã. Um "Canto de ódio à Inglaterra", escrito por um obscuro poeta de nome Lissauer, musicado e entonado por setenta milhões de alemães, torna-se uma espécie de hino nacional. Na primavera de 1915, a Polônia e a Galícia são conquistadas.

Na época, a ninguém ocorre reparar nos trens-hospitais que retornam do front, trens de mercadorias onde, sobre colchões de palha, jazem, gemendo, com as entranhas à mostra, o rosto desfigurado, milhares de feridos.

Contudo, Einstein não permanece impassível e imagina, com alguns amigos, replicar o "Manifesto dos 93". O "Manifesto dos europeus", tal é seu nome, pretende ser um apelo à razão e uma denúncia dos perigos da loucura nacionalista. Conseguirá apenas três signatários e permanecerá letra morta...

Em setembro de 1915, Einstein, insolente, irá ao encontro de Romain Rolland, que, de Genebra, exerce seu combate contra a guerra. Mas Rolland também está tão isolado quanto Einstein. Quem é capaz de escutar a voz da razão? Os povos não estão preparados para abrir os olhos para as pilhas de cadáveres. Rolland, de resto, não levará muito a sério aquele sábio de aparência lunática que veio lhe dizer o que era preciso fazer para parar a guerra.

Einstein tenta então curar suas próprias feridas. Procura dar um termo à sua própria guerra, a exercida contra Mileva. Cria compromissos para tentar ver os filhos. Aquela que ainda é oficialmente sua esposa instiga as crianças contra o pai. Não são as regras dessa guerra? Hans Albert dentro em breve completará dez anos, e Eduard cinco. Alguma coisa, Albert não sabe exatamente o quê, alguma coisa indizível, imprecisa, no comportamento de Eduard o inquieta. Um vago, porém apavorante, pressentimento perpassa por vezes o espírito de Albert quando pensa no caçula.

Nesse combate exercido a distância, cada um conta com aliados – Einstein por pouco não perde seu melhor amigo, Michele Angelo, fiel dentre os fiéis até os últimos instantes, a quem Einstein criticará por uma suposta prevenção contra ele a favor de Mileva. Nessa guerra, Mileva exige reparações. Sob forma de dinheiro líquido. Trocam-se cartas incendiárias. A questão é a pensão, é o direito de visita às crianças. Albert vai até Zurique em 1915, depois em 1916. Sua última viagem tem por objetivo a assinatura do fim das hostilidades: o anúncio do divórcio. A notícia mergulha Mileva em um tal estado que Albert pensa em desistir. Nunca se sentiu tão culpado.

Ao retornar a Berlim, uma voz doce, repousante, encobre as lágrimas e os barulhos das botas. A voz de Elsa. A voz que murmura no ouvido de Albert o canto dos dias antigos, o tempo feliz de suas infâncias, quando as famílias estavam reunidas em Munique. A voz de Elsa e seus acentos suábios ressoam no espírito de Albert como um bálsamo. Os elos com Elsa vão sendo tecidos, cada vez mais apertados. As visitas, as refeições em família são cada vez mais regulares. Elsa está livre depois que se divorciou. Elsa não esconde seus sentimentos por Albert. Elsa é o inverso de Mileva. Doce, de humor constante, atenciosa, toda afeição e amor. Elsa está lá, onipresente, quando Albert cai doente, padecendo de terríveis dores digestivas, ligadas às privações, que o perseguirão pelo resto da vida.

Elsa fica mais próxima. Dentro de pouco tempo, Albert se muda, deixa o bairro onde mora para ocupar um apartamento próximo da residência do tio.

Os dois amantes não se escondem mais. Passarão a guerra lado a lado. A impaciência de viver o final do pesadelo estreitará sua ligação. Einstein não irá mais a Zurique durante todo esse período. Cansado de guerra, mergulhará no mundo de suas pesquisas até o final das hostilidades. A saída dos combates anunciará igualmente a suspensão das hostilidades com Mileva. O divórcio será pronunciado no dia 14 de fevereiro de 1919.

Alguns meses mais tarde, em 2 de junho, é celebrado o casamento de Elsa e Albert.

A escolha do segundo casamento de Albert traz à baila a questão de sua relação com as mulheres, com a feminilidade – ao menos nessa época de sua vida. O contraste entre a primeira esposa e a segunda é muito marcante. A rebelde, a ilustrada Mileva, que tentava medir forças com o cientista, jamais hesitou em se confrontar, em se opor a ele. A terna e maternal Elsa, que chamava o marido de "Einstein". Elsa, tão apreciada pela mãe do sábio; Mileva, odiada por Pauline, banida da família. Também chama a atenção para a questão da consanguinidade desse casamento. Elsa é sua prima – por parte do pai e do lado da mãe. O fato de que a união tenha sido "santificada" pouco depois da morte de Pauline, a mãe, provavelmente é eloquente. Como se uma figura substituísse a outra. O amor que Pauline sentira tinha sido tão grande que nenhum outro podia rivalizar com ele? Elsa e Albert viveram felizes e nunca tiveram filhos.

Contudo, o futuro tumultuoso da vida sentimental de Albert mostrará que nada é verdadeiramente simples no espírito de um gênio. A escolha de Elsa parece corresponder a uma necessidade sentimental do sábio em uma certa época de sua vida. O futuro, com seu cortejo de amantes, conduzirá ao estabelecimento de uma outra constatação: o cérebro tem um sexo...

O curso dos planetas

O que fez Einstein enquanto seus confrades colocavam os próprios saberes e técnicas a serviço de máquinas de morte? Enquanto Nernst e Haber contribuíam para a sofisticação dos gases tóxicos lançados sobre as trincheiras e para a "eficácia" dos explosivos?

Por falta de apoio, levado a abandonar o combate contra a guerra, interrompeu sua pregação no deserto e viu com pavor as nações se perderem na loucura belicosa. A constatação era amarga: ele não tinha poder para se opor a nada. Era um homem sozinho, no meio de uma nação unida em torno de seus objetivos de guerra. Tinha de aceitar a derrota de seus ideais. Sonhar com amanhãs em que se cantassem outras árias, e não cantos de guerra celebrando campos de batalha. Apesar de tudo, mantinha a esperança no retorno à razão quando chegasse a hora de a soldadesca voltar para casa, mas era forçado a reconhecer que, por ora, sua fé em um mundo melhor estagnara na lama das trincheiras das Ardennes. Porém, tinha certeza de que ela ressuscitaria dentro em breve.

Como, durante toda a guerra, conseguiu permanecer naquele país que desprezava? Como pôde trabalhar em seu escritório e andar pelas ruas enquanto os clamores dos que ele, no passado, tanto se empenhara em deixar, agora ressoavam como gritos de guerra ou de sofrimento? Pode-se facilmente concluir que, para Einstein, nada importava mais do que erigir seu monumento do pensamento e que suas rebeliões de juventude não valiam grande coisa diante de seu sonho: revolucionar o pensamento universal. O pragmatismo também é uma virtude. Pode-se falar de traição dos sonhos de juventude ou até de covardia? Imagina-se que a ambição possa lentamente devorar os princípios morais. Parece sobretudo que, entre 1910 e 1915, Albert teve o pressentimento de que a construção matemática que estava sendo elaborada em seu cérebro seria um dos monumentos do pensamento mundial, próximo do universal.

O arrebatamento espiritual que rodopiava em seu cérebro não devia deixar espaço para nenhum outro tipo de sentimento. Qualquer outra consideração, moral, filosófica ou sentimental, devia ser sacrificada sobre o altar dessa catedral em vias de ser erigida. A paixão criadora incendiou durante cinco anos os menores neurônios de seu cérebro. O mistério de seu gênio talvez deva ser procurado nos recônditos de seu espírito, na convicção, de homem solitário, de estar chegando perto da resolução de um mistério que revolucionaria a humanidade inteira. Paris vale uma missa; Berlim, a teoria da relatividade, o apagamento das rebeliões de juventude, a devastação de uma família. Uma vez realizada sua obra, o futuro provará que o apego aos valores universais e familiares e o combate humanista voltarão à preeminência. É provável que apenas a dualidade entre gênio científico que ultrapassa as convicções estabelecidas e humanismo exercido a ponto de colocar a própria vida em risco bastem para deixar na memória coletiva a imagem de um cérebro único. Estamos, pois, diante de um homem que quebra dogmas, que mostra a língua para as certezas estabelecidas, que reinventa uma concepção do universo.

1915. Einstein precisa recolher-se para suas terras, as que ele conhece intimamente, as que são só suas. Em seu exílio interior, Einstein dedica-se às pesquisas. Sabendo que não poderá modificar o curso dos acontecimentos, abandona-se a uma ambição mais alta ainda, porém mais ao seu alcance: mudar a visão do universo, encontrar a lei que rege o deslocamento dos planetas, elaborar a lei da gravitação. Durante o ano de 1915, em meio às privações de um mundo em guerra, e em pleno caos sentimental, Einstein é presa de uma espécie de loucura criadora. Esse estado de transe assemelha-se àquele que o acometera dez anos antes, durante a redação de seus cinco artigos fundadores. Em novembro, o sábio expõe em três documentos sua teoria da relatividade geral. Formula as equações do campo de gravitação (as "equações de Einstein"). Um ciclo que se completa em 1916. Em um último documento, conclui a teoria relativista da gravitação e afirma o princípio de equivalência entre campo de gravitação e aceleração. A teoria da relatividade geral está completa. A obra de Einstein terminou. Ela será coroada no dia 6 de novembro de 1919, em Cambridge, diante da Royal Society Academy, a Academia Real da Inglaterra.

Convém voltar a esse processo de criação, explicitar de forma simples seus princípios para compreender a revolução que essas ideia difundem.

A teoria da relatividade geral é uma aplicação das regras da relatividade restrita a todo sistema existente.

Passar da relatividade restrita à relatividade geral é inventar uma teoria global da gravitação. É destronar Newton.

Um conceito envolve tal ambição: a ideia de que a gravitação age sobre a luz. O raio luminoso é deslocado pela gravitação. Mas como uma força pode agir sobre uma onda?

Em 1912, Einstein redige dois artigos esboçando as bases de sua teoria da gravitação. Em 1913, desejando dar uma sólida base matemática para suas teorias físicas, trabalha duramente com seu amigo Marcel Grossmann, que se tornou um eminente matemático e com quem se encontrou durante uma breve estada em Zurique. O objetivo a alcançar: formular o movimento de um ponto material, seja qual for o campo de gravitação exercido sobre ele. A teoria de 1916 será seu trabalho mais bem-sucedido, por estar apoiado em uma sólida argumentação matemática. Adotará "modestamente" por objeto a formulação das leis da natureza, seja qual for o sistema de espaço-tempo escolhido.

As equações matemáticas são calculadas. Resta verificá-las experimentalmente. Da relatividade restrita à relatividade geral: um salto para frente que só o estudo do universo lhe permitirá efetuar.

O grande salto: estabelecer uma teoria da gravitação que se aplique também à luz. Provar que a gravidade age sobre a propagação da radiação luminosa. A ação do campo de gravitação sobre a luz consiste no desvio do trajeto da radiação luminosa provocado pela presença de uma massa. O desvio de um raio de luz sob a ação de um campo de gravitação exercido por um astro, eis a intuição de Einstein.

O campo de gravitação age sobre os corpos inertes. A força de gravidade que atrai o homem para a Terra age sobre os corpos em movimento. Newton demonstrou isso. Todavia, para Newton, a gravitação não tem nenhum efeito sobre a radiação luminosa. Einstein quer provar que uma massa distante de vários milhares de quilômetros pode desviar uma radiação de luz e que essa onda corpuscular propaga-se a 300.000 km/s. Sua proposição significa que a posição dos astros que é vista não é uma posição "absoluta": ela constitui a resultante do lugar do astro, em determinado tempo de seu curso, *e* da ação do campo de gravitação. Essa ação desvia o trajeto da radiação luminosa e "falseia" nossa visão e nossa determinação da posição do astro. Para o universo também, nada seria absoluto. Para Einstein, a visão dos astros seguidos pelo telescópio, o curso dos planetas, decorre de uma "ilusão" de ótica que em nada representa o movimento real das estrelas, sequer sua posição.

Recapitulemos: se a generalização da teoria relativista é verdadeira, então uma massa gigantesca emite um campo sobre um corpo em movimento. O problema será descobrir em seguida de que forma uma massa exerce esse campo, com que espécies de ondas ela desvia a luz. O campo gravitacional se manifesta por "ondas gravitacionais"? Existem ondas emitidas pela massa solar que desviam o trajeto da luz das estrelas? Se a teoria de Einstein revela-se exata, tais ondas gravitacionais existem. Elas são "emitidas" por todos os corpos do universo. Deveria ser possível captá-las. No entanto, elas não exercem senão efeitos infinitesimais – arcos de segundo – sobre velocidades imensas, sendo portanto pouco numerosas e dificilmente "captáveis". Essa questão, que será mais tarde suscitada pela descoberta de Einstein, continua sendo ainda hoje um dos maiores desafios da ciência contemporânea. Como captar as "ondas gravitacionais"? Foram construídos na Itália imensos captores lineares para medi-las, mas nada foi registrado até o momento. Contudo, essas ondas existem. A Agência Espacial Europeia está se preparando para enviar ao espaço uma espécie de imenso captor com a exclusiva missão de proceder ao registro de uma única onda gravitacional. Albert não terminou de nos fazer refletir...

Nos anos 1910, Einstein quer simplesmente validar sua teoria geral. O desvio, por uma massa, de um raio de luz vindo do espaço. A ação da gravitação sobre a luz.

Em sua busca, intervirá a resolução de um enigma que obceca os físicos desde Kepler. Mistério que intrigou Newton durante toda a sua existência: o segredo escondido pelo curso de Mercúrio. A questão da defasagem do periélio* desse planeta.

No começo do século XIX, o grande físico Kepler descreve a órbita de Mercúrio como uma elipse. Mas – inexplicável curiosidade – a órbita não é completamente elíptica. Ao final de cada volta, o planeta não retorna exatamente ao mesmo ponto "de origem". Existe uma defasagem, a cada volta, do ponto de periélio.

---

* O periélio é o ponto onde, em sua órbita elíptica, um planeta aproxima-se mais do Sol.

Newton vai estudar o movimento de Mercúrio, a defasagem do periélio.

Os astrônomos mediram um "avanço" de 1,38 segundo por arco a cada dia.

Para explicar essa defasagem, Newton se apoiará em sua própria teoria da gravitação. Essa teoria baseia-se no fato de que as massas atraem outras massas de maneira inversamente proporcional a suas distâncias e de maneira proporcional a suas massas. Newton emite a hipótese de que Júpiter, o mais volumoso dos planetas, aja por intermédio de sua massa sobre Mercúrio, um dos menores planetas do sistema solar. Júpiter "atrairia" Mercúrio a cada volta, eis por que o periélio desloca-se a cada elipse.

Newton faz seus cálculos.

Ele conhece as massas estimadas de cada planeta. A resolução de sua equações dá uma defasagem de 1,28 segundo de arco por volta. Porém, os astrônomos falam de 1,38 segundo. Permanece um afastamento de 0,10 segundo de arco por órbita. A cifra pode parecer irrisória. A diferença é capital à escala do universo, capaz de abalar toda a teoria newtoniana. Newton está incorrendo em erro. Nem ele nem nenhum de seus contemporâneos ou sucessores explicam esse erro de cálculo.

Newton jamais pôde imaginar que a luz poderia estar sujeita à gravidade. A luz não é uma maçã.

A órbita de Mercúrio vai fazer gerações de astrônomos e físicos quebrarem a cabeça. Em 1910, constata-se que o desvio da luz que passa rente ao sol é de 0,84 segundo de arco, mas não se sabe explicar por quê. Entre 1914 e 1915, Einstein refaz todos os cálculos de acordo com sua nova teoria e dá finalmente a resposta: a luz *também* está sujeita ao campo de gravitação.

Ao oferecer uma explicação revolucionária para o avanço do periélio de Mercúrio, ele dá a variação do desvio que doravante é preciso esperar. A luz que passa na borda do Sol deveria desviar-se de um ângulo de 1,75 segundo de arco pela gravidade do astro.

No entanto, sua teoria relativa da gravitação não poderá ser demonstrada se não for experimentada, "observada". A luz emitida pelo Sol oferece uma espécie de laboratório de tamanho natural com as medidas que ali podem ser feitas. A prova de um desvio dos raios luminosos pelo campo de gravitação do Sol será determinante para deliberar entre a teoria de Newton e a de Einstein. Entre o absoluto e o relativo.

O Sol tem um campo de gravitação gigantesco, tendo em vista sua massa. O campo de gravitação permite-lhe atrair os planetas do sistema solar de maneira inversamente proporcional ao quadrado de suas distâncias e de seus pesos. O Sol atrai os planetas. Se Einstein está dizendo a verdade, sua massa também vai agir sobre a luz, inflecti-la, desviá-la. Todo raio luminoso proveniente de uma estrela será desviado ao passar perto do Sol. A posição aparente da estrela parecerá diferente do que ela foi na ausência de massa solar.

O desvio é máximo para um raio luminoso que passa perto do Sol e diminui com a distância, mas o brilho do Sol cega e torna as medidas impossíveis. Só um eclipse permitiria ocultar o Sol, deixando as estrelas mais próximas de sua borda serem percebidas.

O deslocamento da posição da imagem das estrelas será ínfimo. Seria contudo possível comparar a lâmina de uma fotografia tirada durante o eclipse com um outro clichê feito mais tarde, na ocasião da presença do Sol. A variação de posição das estrelas de uma lâmina para a outra permitiria estabelecer o efeito da presença da massa solar, o efeito da gravitação sobre a luz.

Em outras palavras, o desvio da luz por um campo gravitacional poderia ser evidenciado e sua amplitude medida. "Bastaria" portanto medir a variação aparente da posição de uma estrela de uma lâmina (durante o eclipse) para outra (longe do eclipse).

Freundlich, um jovem astrônomo, assistente do Observatório de Berlim, está fascinado pela hipótese de Einstein. Quer ser o homem que terá demonstrado essa tese e revolucionado a ciência. Ele organiza uma expedição em julho de 1914 partindo de Berlim em direção ao Polo Norte. Porém, o astrônomo aventureiro verá seu projeto interrompido pelo avanço do exército russo a caminho da fronteira alemã!

Em 1917, as teorias de Einstein adquiriram notoriedade internacional. Não se trata de um projeto insignificante. A validação desses princípios tornaria caduca a lei de gravitação absoluta de Newton. Os cientistas de Berlim estão ocupados em tentar salvar a guerra que se anuncia perdida desde o envolvimento dos americanos no conflito. Berlim vive a hora das privações. A miséria está por todo lado. O Reino Unido, embora engajado na guerra, é mais poupado do que o resto da Europa. Em Cambridge, compreendeu-se o alcance dos trabalhos de Einstein. As pessoas apaixonam-se pela relatividade. A Royal Astronomical Society (Sociedade de Astronomia Real), sob o impulso de sir Frank Dyson, decide organizar uma expedição para verificar a teoria einsteiniana na ocasião do grande eclipse previsto para maio de 1919. Uma experimentação na escala da grande galáxia baseada apenas na hipótese de um homem! O diretor da Royal Society deve contudo justificar os meios colossais postos à disposição de uma experiência tão aleatória, baseada apenas na intuição de um homem em seu laboratório – ainda por cima um alemão. Para o diretor da Royal Society, não resta a menor dúvida, o caráter desmesurado da expedição justifica-se pela importância da questão que será respondida pela experiência: saber se a luz está sujeita à gravitação, o que é fundamental para o estudo do universo.

Em 1918, duas expedições são organizadas para regiões equatoriais, locais onde o eclipse é observável com mais clareza. A primeira é dirigida pelo professor Eddington, para as costas africanas da Guiné. A segunda é organizada por Davidson, para Sobral, no nordeste do Brasil.

Chegado o dia, os astrônomos têm seus aparelhos apontados para o céu, mas o tempo não colabora. Uma bruma densa atrapalha a tomada de clichês. Teme-se, aqui e lá, não conseguir senão clichês imprestáveis. E se tudo isso tiver sido organizado em vão? No instante t, no segundo t', clica-se nas duas extremidades da Terra. Não mais do que duas séries de lâminas conseguem ser realizadas. Fazem as malas, pouco otimistas. O próximo eclipse vai acontecer em 1922...

Semanas mais tarde, as equipes estão de volta. Voltam para os laboratórios de revelação rezando para que o milagre tenha ocorrido.

Elas vão revelar as lâminas fotográficas tendo na mente uma só pergunta e apostas colossais: existe desvio dos raios luminosos e de quanto é ele? Mau augúrio: das duas expedições conduzidas para observar esse eclipse de 29 de maio de 1919, não se obtém senão duas lâminas fotográficas analisáveis!

Superpõem-se as duas únicas lâminas aproveitáveis. Mede-se a hipotética defasagem da posição de cada estrela.

As equações de Einstein dão números precisos, praticamente no nível de segundos. A comparação com os resultados apurados, medidos graças aos aparelhos dos astrônomos, não deixarão margem a dúvidas. Einstein será então considerado um impostor ou sagrado o maior sábio do milênio.

Em 6 de novembro de 1919, a Royal Society apresenta os resultados da expedição e a confrontação com as cifras prenunciadas pelas equações de Einstein.

A medida média do desvio da luz está compreendida entre 1,98 e 1,61... As predições de Einstein estão confirmadas!

A luz mudou de direção de acordo com a nova lei de gravitação! O mistério do avanço do periélio* de Mercúrio está finalmente explicado!

Einstein tem razão. Newton é que é assassinado.

A notícia se transmite como um rastro de pólvora. De Berlim a Nova York, celebra-se o advento de uma teoria que revoluciona a ideia geralmente admitida da marcha do universo, a própria ideia de espaço e tempo.

Na noite do anúncio da revolução científica da qual sai vencedor, a primeira pessoa a quem Einstein faz o anúncio da notícia é sua mãe, gravemente doente, hospitalizada em Lucerna. Pauline Einstein vai até Berlim para compartilhar os momentos de alegria com o filho. A felicidade será de curta duração. A mãe de Albert, essa mulher tão querida, falecerá algumas semanas depois do coroamento do filho...

---

* Em 1922, uma nova expedição o confirmará.

A caminho da glória

"Nosso Isaac Newton foi destronado!" Em 7 de novembro de 1919, os vendedores anunciam aos gritos pelas ruas de Londres. Einstein é a manchete da *Time*! Três dias mais tarde, na Madison Avenue, ao dar com a primeira página do *New York Times*, os americanos são informados de que ocorreu uma revolução: a luz anda enviesada! Foi provado, observando-se o céu em uma floresta perdida do outro lado do equador. O leitor é informado, estupefato, de que tudo o e se sabia até então – nossa percepção do espaço e do tempo – revelou-se falso. A geometria euclidiana ensinada no ginásio: às urtigas! A lei da gravitação euclidiana: às favas! Tudo o que se ensinava de geração em geração está corrompido! Editorialistas, especialistas na questão, adiantam que o gênio de nome Einstein não vai parar por aí. Ao desvio gravitacional da luz sucederá o desvio gravitacional do tempo. Esquemas complicados tentam vulgarizar o pensamento do gênio: se estamos em repouso em relação a um corpo que gravita, o tempo escoa tanto mais lentamente quanto mais perto nos encontrarmos do corpo. Em um cômodo, o tempo escoa mais lentamente perto do assoalho do que perto do teto!

Fala-se de um universo idealizado, sem gravidade.

Avança-se o conceito de princípio de equivalência.

A gravitação desvia a luz, e não somente os planetas.

A gravitação dilata o tempo.

O espaço é encurvado.

A matéria não é matéria, mas a curvatura de uma nova dimensão: o espaço-tempo.

A energia é matéria...

O infinitamente grande contém "substância negra".

O infinitamente pequeno é agitado por inumeráveis partículas de nome *quanta*.

O espaço acabou.

Os planetas não gravitam como sempre se pensou.

Novembro de 1919. A guerra acabou. Celebra-se o primeiro aniversário do armistício. As pessoas se prometem que aquela será a "Derradeira das Derradeiras". Eis a apoteose: um homem nos fez entrar na quarta dimensão.

Nas mentes, a Terra não gira mais em círculo.

Einstein mantém a cabeça fria. Responde evasivamente às entrevistas sobre suas origens, declara-se sem pertencimento nacional real. Judeu suíço para uns, alemão para outros. Não quer que a ciência alemã "nacionalize" sua descoberta. Recusa contudo que retirem da Academia de Berlim o mérito de ter lhe dado a oportunidade. Vê-se mais como um elo entre as nações. O preparo das equações foi viabilizado nos laboratórios alemães; a experimentação executada pelos astrônomos ingleses.

Em todas as partes do mundo, a descoberta de Einstein é festejada como a vitória da criatividade sobre o saber. Celebra-se a força do imaginário. Em toda parte... salvo na Alemanha. A Alemanha deveria consagrar Einstein como herói nacional. O antigo Reich é um país de vencidos, um país decomposto, esmagado pela miséria, com o orgulho ferido. Sua nação não se reconhece nesse nômade que despreza o orgulho nacionalista, que se recusou a assinar o "Manifesto dos 93". Os heróis desse país morreram no campo de batalha. Os outros, os da retaguarda, não passam de covardes. A Alemanha de 1919 não está em busca de modelos. Ela procura culpados. Está convencida de ter sido apunhalada pelas costas. A Alemanha procura responsáveis por sua honra vilipendiada, por sua desgraça, pelo roubo de sua vitória prometida. Einstein não é festejado na Alemanha. Para os vencidos, ele continua sendo um pacifista, judeu, internacionalista – a figura maldita do inimigo e do traidor.

A partir do começo do anos de 1920, os grupos extremistas universitários encontraram seu bode expiatório. Montam uma "associação pela ciência pura". Seu único objetivo? Lutar contra as teorias, a notoriedade, a pessoa de Einstein. O credo desse grupelho: o "antirrelativismo". O grupo organiza reuniões, publica artigos. Os argumentos empregados anunciam as diatribes futuras. Atacam a "relatividade" e seu caráter idealista. Opõem o espírito alemão voltado para o realismo ao sentido "especulativo" do cientista. Invocam o caráter "eminentemente" judeu da teoria da relatividade. Sua natureza "antialemã".

A associação "antirrelativista" recebe um apoio de peso com a contribuição de Philipp Lenard ao seu combate. Lenard, Prêmio Nobel de Física por suas pesquisas sobre o efeito fotoelétrico. Lenard, que acolheu Einstein na Academia berlinense. A derrota fez Lenard escorregar no antissemitismo. O fato de que o espírito possa explicar e predizer fenômenos naturais revolta o cientista. Ele é o ponta de lança dos inimigos dessa teoria que supostamente prevê o desvio da luz. Einstein torna-se um inimigo pessoal, um inimigo da nação e da ciência alemãs.

Einstein aceita o combate e volta à arena. Através de artigos, responde aos ataques de que é objeto. Chega inclusive a assistir como espectador ao encontro organizado na Filarmônica de Berlim pelos "antirrelativistas". Não se esquiva à confrontação com Lenard durante uma reunião científica de que Max Planck é o organizador e que acontece sob a proteção da polícia.

Lenard ataca em revistas a teoria de Einstein, mas não a combate de um ponto de vista científico. A seu ver, as descobertas de Einstein são o reflexo da influência perniciosa dos círculos judeus sobre o mundo científico. Precursor, ele critica seus concidadãos por verem esse indivíduo como um alemão. Alguns anos mais tarde, Lenard será um dos primeiros cientistas a juntar-se às fileiras do partido nacional-socialista.

Einstein resiste. Ele ama Berlim. Sente enorme reconhecimento por essa cidade, por essa Academia prussiana que lhe permitiu completar suas teorias.

Mas Einstein está cansado de se sentir considerado um pária em seu próprio país de adoção. Chegou a hora de tomar ar. De viajar. De saborear o reconhecimento de que seus trabalhos são finalmente objeto. Einstein aceita os convites por muito tempo declinados. Vai fazer um tour pela Europa, ver o mundo de outra forma, não mais com os olhos de um mendigo da ciência. Sem o menor espírito de revanche.

Cada etapa da turnê que ele empreende se revelará um triunfo. De Praga a Pequim, passando por Nova York, é festejado, celebrado. Sua única aparição em uma sacada provoca o entusiasmo das multidões; sua passagem por uma avenida, em um carro descoberto, inflama os espíritos. Ele lota salas, está na primeira página de todos os jornais. Esse triunfo é inédito para um cientista. A explicação para esse entusiasmo digno da acolhida dos príncipes? No espírito do público, esse desconhecido interessou-se pelas leis do universo. Einstein se aproximou do mistério da criação. Sagra-se aquele que atingiu o sagrado.

Einstein participa de uma série de conferências em Praga, sendo recebido por aquele que o sucedeu na cadeira de professor, Philip Frank. É Frank que escreverá mais tarde uma de suas primeiras e mais completas biografias. Praga reserva ao sábio uma acolhida principesca. O homem que revolucionou o campo do pensamento é acolhido como apóstolo de uma nova religião. As pessoas acotovelam-se na estação em um caos indescritível. Acorrem para escutar o mestre em um anfiteatro. O homem da rua quer compreender, crê ter discernido no homem de cachimbo, vestido tão humildemente, o gênio do século, com modos de cristo dos tempos novos. Quer ser aquele que viu o homem. Interrogam-no.

Frequentemente com afabilidade. Por vezes com raiva. Demandam explicações. Que teoria é esta que coloca em discussão séculos de certezas? Exige-se do gênio que apresente provas irrefutáveis.

Einstein presta-se de boa vontade ao exercício. Ele justifica, vulgariza. Sempre com humor, humildade. Surpreso, maravilhado, às vezes assustado com aquilo que suas descobertas podem ter desencadeado no coração dos homens. Em Praga, para poupá-lo do cerco da multidão, Frank chegará a fazê-lo dormir no laboratório onde trabalhara, em vez do hotel onde o esperavam.

Einstein aprecia esse retorno a Praga. Percorre as ruas, os restaurantes, os cafés. Transpõe o umbral da universidade onde foi aceito, mas como segunda escolha, na época da monarquia. Na parede da entrada está pendurado... seu retrato. Caminhando pela calçada, sente levantar o vento de liberdade que sopra nesse país novo, construído sobre as ruínas do Império dos Habsburgo. A República tchecoslovaca resume as aspirações e os rancores que, uma década mais tarde, sacudirão o mundo. De um lado, os alemães dos Sudetos* se enfurecem ao ver suas prerrogativas fundirem-se na nova democracia. De outro, uma formidável efervescência intelectual tenta inventar um novo elo entre o povo e os dirigentes, encarnado com coragem por Masaryk. Einstein é parte integrante desses tempos novos. Melhor do que qualquer outro, ele os personifica. O homem que veio de lugar nenhum conseguiu, apenas com a força de sua inteligência e de sua determinação, abalar as leis da natureza. 1920: Praga festeja Einstein. Einstein ama Praga. A nova Europa, saída

---

* Os alemães dos Sudetos, *Sudetendeutsche*, são germanófonos da antiga Tchecoslováquia, estabelecidos antes da Segunda Guerra Mundial nas regiões vizinhas da fronteira alemã. Esses germanófonos, então em número de três milhões sobre uma população total de quinze milhões na Tchecoslováquia, fundaram em 1933 o "Partido Alemão dos Sudetos", que se tornou o porta-voz das reivindicações hitleristas, demandando em 1938 a anexação de sua região à Alemanha.

dos escombros da guerra, da exacerbação dos nacionalistas, vê o dia. Existe símbolo melhor do que esse homem de vida errante e de espírito livre?

Depois do sopro novo que varre Praga, Albert se vai para respirar um ar mais pesado. Em Viena. Lá onde sopra o ar da derrota. O antigo coração valente do Império austro-húngaro é hoje a capital de um Estado desmantelado e sem fausto. Contudo, Viena estende o tapete vermelho diante de Einstein. Aqui também, as pessoas acotovelam-se para escutar o cientista. Empurram-se por uma fotografia, um aperto de mão. Viena é um triunfo para Einstein.

Percorrendo as ruas da cidade, como ele gosta de fazer, o gênio familiariza-se com o universo de um outro visionário: o de Freud. Porém, será preciso aguardar sete anos até que se encontrem. Os dois seres, cada um por uma via diferente, tentam captar o mistério do mundo. Um, os segredos da alma; o outro, as leis da física. O geômetra das ciências, o explorador das consciências. Seus percursos apresentam inúmeras semelhanças. As origens vizinhas, comuns, as veredas da glória, as armadilhas inumeráveis, os louros da celebridade, os braseiros de livros. Esses dois são o símbolo do que a Europa pôde produzir de mais fascinante em matéria intelectual. Luzes do século. Eles abalarão a ordem estabelecida. Estarão expostos às mesma oposições, suscitarão os mesmos entusiasmos, os mesmos ódios...

Serão atingidos pelas mesmas tormentas. Seguirão os mesmos caminhos do exílio.

Freud e Einstein, metáforas vivas do século XX. Grandeza e loucura do homem. O mais alto nível de inteligência, o mais alto grau de barbárie. Dez anos mais tarde – tarde demais? –, Freud e Einstein se encontrarão e manterão uma correspondência na qual tratam do espírito de guerra, publicada em 1933, que fez época nos corações a despeito de não agir sobre as mentes.

Todavia, nesse começo dos anos 1920, na hora em que Einstein anda pelas ruas de Viena contemplando a fachada e os jardins dos palácios, o espírito de guerra está atrás dele. Einstein olha ao longe com o coração leve. A América o aguarda.

Ao desembarcar em Nova York, Einstein usufrui de uma acolhida digna das celebridades. Percorre as cidades da América e suas universidades. Desloca as multidões. Fica impressionado com a vida americana, o fervilhamento intelectual e a liberdade que reina nos *campi*. Como a velha Europa está longe e como os fantasmas que a agitam são irrelevantes. Como tudo isso parece obsoleto.

O sentimento de liberdade individual, tão fortemente arraigado desde sempre, ele o sente ali como em nenhuma outra parte. É aclamado em Harvard. É convidado para Princeton. Não se esquece de seus pares e dá conferências sobre a relatividade que provocarão o entusiasmo dos sábios americanos. A turnê chega ao fim. É claro, Einstein poderia ter seguido sua intuição da catástrofe anunciada e ter-se estabelecido no Novo Mundo para ali frutificar sua nova visão do universo. Mas Einstein tem por virtude a fidelidade. Não é homem de fugir. Quer enfrentar os demônios. Talvez até se julgue mais forte do que eles. Quem sabe espera que a razão possa vencer? O vento de ódio que devastou a Europa durante quatro anos não pode outra vez transtornar os espíritos! Einstein é um inveterado otimista. Berlim fez dele o homem que ele se tornou. É preciso voltar para Berlim.

Contudo, tem uma missão a cumprir no caminho de volta, uma dívida a saldar. Ele deve sua glória à Academia Real da Inglaterra. A instituição viabilizou as expedições que permitiram verificar suas teorias. Os ingleses revelaram ao mundo a revolução científica que os trabalhos de Einstein constituíam. Os ingleses engoliram seu orgulho para substituir no panteão das ciências a estátua de sir Isaac Newton pela figura de um alemão. Seu périplo deve passar por Londres. Sua primeira visita será às aleias de um cemitério. Ele avança com uma coroa na mão, empurra a porta gradeada da abadia de Westminster. Caminha humildemente, com o olhar no chão, até um túmulo. Longe da iconoclastia que lhe atribuem, dirige-se para um monumento de mármore no final da aleia. Vai render homenagem ao homem cuja glória está doravante fissurada. Deposita a coroa e demonstra seu reconhecimento por aquele que está destronando.

Uma coroa para Newton.

Certo, mas os louros são para Einstein. O sábio escolheu não fazer tábua rasa do passado e ser parte de uma filiação. Galileu, Newton, Einstein. Os aplausos serão alimentados durante a conferência que o sábio fará em Londres. Depois disso, Einstein se prestará de muito boa vontade aos inúmeros encontros e cerimoniais habituais. Alguns ele até solicita, em sua vontade de compreender os mundos visitados. Disserta com Bernard Shaw sobre a condição humana, partilha o pão com o arcebispo de Canterbury. O prelado, que mergulhou nos textos de Einstein, confessa-lhe sua inquietação a respeito das consequências de suas descobertas sobre a crença religiosa e seus dogmas. Se o espaço é um vaso sem comunicação, como parece afirmar o cientista, onde é o lugar do infinito? *Quid* do Eterno no espaço-tempo? Einstein mostra-se tranquilizador. Não, sua teoria não relativizará em nada o fervor dos homens. A compreensão do campo de gravitação não interfere na percepção do poder divino...

Estamos em junho de 1921. A turnê mundial de Einstein faz uma pausa em Berlim. Depois Albert retoma seu bastão de peregrino. A França o chama. A França, inimiga jurada da Alemanha. A potência vitoriosa que esmaga o vencido, que o arruína, extorque-lhe as riquezas, pilha os minerais do Ruhr, faz a derrota ser paga a peso de ouro. Na França, como na Alemanha, os meios nacionalistas consideram a visita de Einstein uma traição. Em Paris, a extrema direita antissemita, ainda ávida de revanche antialemã, julga inaceitável o convite feito pelo Collège de France ao maior sábio da potência inimiga. Em Berlim, critica-se a visita do cientista alemão ao implacável inimigo. Ele vai lá vender algum segredo? Fazer voto de lealdade? De um lado e do outro do Reno, usa-se em relação ao sábio o mesmo tom de violência. É a entente cordial dos partidos do ódio. Einstein já encarna um alvo que o ultrapassa. Na França, como na Alemanha, seu rosto assume os traços da figura fantasiada de Dreyfus.* As divisões suscitadas pela viagem ressuscitam as segmentações políticas do passado.

Como de hábito, as manifestações de ódio deixam o cientista impassível. Essa viagem, ele a considera antes de tudo uma chance para o seu combate político. O símbolo de uma reconciliação franco-alemã. As comunidades científicas colocaram-se a serviço da potência militar nacional. Trata-se, chegada a paz, de uni-las unicamente em benefício do progresso.

Não se importa com o fato de a Academia Francesa se recusar a recebê-lo, nem com a acolhida de certa imprensa. Einstein conta com sólidos apoios, dentre os quais figura Paul Langevin, o mais eminente cientista francês. O homem sugeriu o convite ao Collège de France. Langevin compreendeu o alcance das descobertas de Einstein. Explica a ele que o povo francês está impaciente para receber o homem que empolgou as multidões na Inglaterra, na América. Em 31 de março de 1922, Einstein discursa no Collège de France diante de uma plateia de celebridades de primeira linha, dentre as quais estão Marie Curie e Henri Bergson. Nessa ocasião, Albert expressa-se em francês. É um novo triunfo.

---

* Oficial francês de origem judaica (1859-1935), vítima de preconceito social e racial, condenado injustamente por espionagem em favor da Alemanha, dividiu a opinião pública francesa da época. (N.T.)

O avanço do perigo

A viagem a Paris desenrolou-se melhor do que previsto. Albert voltou de lá convencido: a reconciliação está próxima. Aquela primavera de 1922 anuncia-se radiosa. Em Berlim, a República de Weimar traz esperança de um mundo novo. Walther Rathenau, o ministro das Relações Estrangeiras, prega o retorno da Alemanha ao concerto das nações. Trabalha para a reaproximação com a França e até mesmo com a Rússia bolchevista.

Rathenau é amigo pessoal de Einstein. Originário da grande burguesia judia alemã, é um modelo de integração e sucesso. É filho do industrial Emil Rathenau, que fundou a AEG, a florescente empresa alemã de eletricidade, a qual, sob o impulso de seu presidente, adquiriu a patente de Edison e construiu a ponta de lança da modernização do país sob Guilherme II. Walther, o filho, é uma personalidade complexa, idealista e ao mesmo tempo pragmática. Age para reintegrar a Alemanha na comunidade internacional depois de seu banimento pelo tratado de Versalhes. Rathenau é uma figura tão romanesca que será encontrado sob os traços de um dos personagens principais de *O homem sem qualidades*, obra-prima de Robert Musil.

No dia 24 de junho de 1922, Walther Rathenau é assassinado pelos membros de um grupo nacionalista.

A República decreta um dia de luto nacional. Einstein está arrasado.

Afetado pela perda de um amigo, vê nesse assassinato o fim de uma época cujo mais puro símbolo acaba de ser abatido.

Para ele, e mais tarde na visão dos historiadores, a data de 24 de junho de 1922 marcará simbolicamente o término de uma esperança. O próprio Hitler não terá dúvida e, em 1933, fará uma homenagem nacional aos assassinos de Rathenau.

O assassinato é o dobre de finados da República de Weimar. Fala-se de uma lista de personalidades a abater, descoberta no local de reunião do grupo nacionalista. Einstein figuraria nela em boa posição. Aos olhos dos extremistas, ele encarna perfeitamente a figura odiada. Depois de matar o símbolo da reconciliação europeia, que vitória destruir o símbolo do pacifismo, do cosmopolitismo! O homem de ciência que mudou o rosto do universo, que está transtornando o planeta inteiro.

Einstein tornou-se agora o judeu mais célebre do mundo.

Pouco depois de 24 de junho, ele confia a Max Planck que está se sentindo pessoalmente ameaçado. Confirma que nada poderá fazê-lo desistir de seu combate e que continuará a assumir plenamente sua tarefa. Não quer se isolar dentro do laboratório, considera o engajamento intelectual um dever moral e não quer sacrificar em nada suas convicções pacifistas. Ele colabora, desde que foi instalada, com a Comissão Internacional de Cooperação Intelectual da Sociedade das Nações. O sábio quer colocar sua notoriedade a serviço de suas ideias. Apesar das reservas que Einstein manifesta a respeito da comissão e das dúvidas em relação a seu poder real, a recentíssima SDN continua sendo uma das esperanças do pós-guerra.

Talvez o combate ainda não esteja perdido. A Alemanha ainda não descambou irreversivelmente. Em Berlim, há quem queira aproveitar o saber de Einstein, esperando não vê-lo deixar o país para ir beneficiar outras nações com suas descobertas.

Assim, o grande complexo químico industrial da IG Farben decide construir em Potsdam um edifício batizado de "torre Einstein". O edifício deverá permitir um estudo espectro-fotométrico mais afinado da luz, tão determinante na teoria gravitacional de Einstein. A empresa pretende ser a vertente germânica das expedições lançadas pela Sociedade de Astronomia Real Britânica para testar os trabalhos de Einstein. O projeto é faraônico, importante para a confirmação da teoria da relatividade. Ele demonstra uma forma de reconhecimento nacional por Albert. Nova ironia da História, das mais cruéis: a IG Farben, dez anos depois de erguer a torre Einstein, contribuirá, com centenas de milhares de marcos, para a campanha eleitoral de Adolf Hitler em 1932. Arianizado depois de 1933, o precioso ornamento da indústria química alemã participará da produção em massa do Zyklon B usado pelos nazistas nas câmaras de gás. A empresa utilizará cobaias humanas em Auschwitz para terríveis experimentações farmacêuticas. Grande parte de seus dirigentes serão condenados no processo de Nuremberg por escravagismo e assassinatos em massa.

A torre Einstein, construída entre 1920 e 1924, é um modelo de arquitetura expressionista. Seu aspecto evoca mais as construções de Gaudí do que os futuros edifícios de Speer. A construção do prédio é de resto vivamente criticada pelos nacionalistas. Sua forma, avant-gardista, é o oposto dos cânones arquitetônicos dos nacionalistas, que veem nela uma ofensa à arte alemã. O objetivo que lhe é conferido, a validação das teorias de Einstein, é julgado escandaloso. O edifício é construído por Erich Mendelsohn. O arquiteto encontrou-se com colaboradores de Einstein. O telescópio instalado no laboratório de astrofísica capta a luz e a projeta sobre os aparelhos espectográficos. É um autêntico modelo de tecnologia avançada. No entanto, o exterior evoca mais um abrigo surgido das fantasias de Gustav Klimt. Para alguns, não passa de arte degenerada...

Seja por causa da atmosfera nauseabunda que reina no país, da agitação dos meios extremistas ou das viagens pelas quais tomou gosto, Einstein não passa mais muito tempo na Academia em Berlim. Ele organiza um périplo por terras mais longínquas. Tem sede de ver o mundo, respirar um outro ar. Organiza sua partida para o Oriente. Quer conhecer a China, visitar o Japão. E depois quer botar o pé na terra que chamam de prometida e pela qual ele colocou seu engajamento à disposição de Chaim Weizmann. Vai partir no dia 15 de novembro.

Alguns dias antes, no dia 10, chega a notícia.

Einstein ainda acreditava nela? As oposições eram tão intensas. As questões políticas eram colossais por conta do engajamento pacifista de Einstein, de sua própria personalidade. As pressões, numerosas. Contudo, a Academia Sueca de Ciências não cedeu. Novembro de 1922, a comissão concede a Albert o Prêmio Nobel de Física. O coroamento de uma carreira? Não exatamente. Os Nobel foram prudentes. A relatividade ainda está sendo discutida. A comissão distingue Einstein por seu trabalho sobre a "teoria dos *quanta*". O errante do violino não vai desmanchar o próprio prazer. No verão seguinte, em julho de 1923, receberá seu prêmio diante da assembleia escandinava, com o rei da Suécia diante dele.

Assim, Einstein não recebeu o Nobel por sua teoria da relatividade. Ela apresenta ousadias demais para os membros do júri. Criticam-no por não se basear em uma argumentação matemática sólida. Preferem aguardar provas dessa revolução. Desconfiam de uma descoberta científica que suscita tamanho entusiasmo popular. Tudo isso é sério de fato? Além do mais, os inimigos de Einstein, à frente dos quais figura Philipp Lenard, agem nos bastidores. Lenard milita, conspira contra a atribuição do Nobel a Einstein. O próprio Lenard obteve o Prêmio Nobel de Física em 1905. E por uma pesquisa que teve um tema idêntico! Lenard faz parte da Academia da

Prússia. Mobilizou em torno de si um certo número de cientistas. Juntos, vão conseguir fazer os Nobel ficarem em dúvida. Porém, a Academia Sueca não pode se permitir "deixar passar" Einstein. O que vão dizer, mais tarde, se o físico mais célebre, mais adulado, o homem que é igualado a Newton, não tiver sido coroado? Após longas deliberações, pressões e tergiversações, encontra-se um artifício que permite atender aos imperativos da ciência e aos inimigos da teoria relativista. É atribuído a Einstein o Nobel por "suas descobertas sobre as leis do efeito fotoelétrico". Einstein aceita, a despeito do caráter humilhante da escolha em comparação com a natureza de seus outros trabalhos. Quis a ironia que Philipp Lenard tenha sido quem consumou o passo decisivo para essa teoria sobre o efeito fotoelétrico. Lenard não deixará de se opor até o último instante a essa atribuição. Seu ódio por Einstein saiu ainda mais reforçado.

Outra interrogação com que se confrontam os Nobel: a qual nação atribuir o Nobel de Einstein? Ora, desde julho de 1913, Einstein é membro da Academia de Ciências da Prússia. Entretanto, desde o assassinato de seu amigo Rathenau, em 24 de junho de 1922, Einstein não se sente mais realmente alemão. Como se sabe, seus adversários repetiram suficientemente, ele rejeitou, ainda adolescente, a cidadania alemã. Depois do assassinato de Rathenau, Einstein demitiu-se da Comissão Internacional de Cooperação Intelectual, emanação da SDN, por não se julgar mais apto a representar a Alemanha, devido a suas origens judaicas, e por sentir que está sendo tramado em seu país. O traumatismo da perda de Rathenau foi atroz. Einstein vê suas piores previsões se concretizarem. Essa nacionalidade alemã, obtida tardiamente, não o fez renunciar à cidadania suíça. Mais uma vez, os acadêmicos tergiversam. Excepcionalmente, o Nobel será posto na conta de duas nações. Einstein é decisivamente um caso à parte.

Como prometera contratualmente na ocasião de seu divórcio, anos antes, ele não tocará em um único dólar quando o prêmio lhe for entregue. Os 120 mil dólares irão para Mileva Maric, para a educação das duas crianças.

Albert desembarca em Xangai aureolado por seu sucesso. Depois de Xangai, será Kobe. Em toda parte as multidões acorrem, os anfiteatros lotam. Querem compreender. Querem ver. Querem ouvir. Albert se presta ao jogo. Ele vulgariza, simplifica, adapta seu pensamento. Sobretudo, abre bem os olhos para um novo mundo.

Depois do Extremo Oriente, vem um Oriente que lhe é mais próximo, um Oriente de coração, uma terra que ele conhece pelas lembranças das leituras da infância, na época em que devorava a Bíblia, em que recitava com fervor e convicção suas preces. É a viagem à Terra Prometida.

Einstein e a questão judaica

Einstein está no convés de um navio de partida para a Palestina. A viagem, de Berlim a Jerusalém, resume a problemática judaica do século XX, de suas tragédias mais negras a suas vitórias mais espetaculares.

Nesse início dos anos 1920, o Estado de Israel não existe. A Palestina está sob mandato britânico. A Inglaterra está engajada desde 1917, através da declaração Balfour, na criação, nessa terra, de um lar nacional judeu. É a consagração do sionismo. Na época, o sionismo era uma ideia nova, emanação dos movimentos de emancipação das nacionalidades que percorreram a Europa do século XIX. Para alguns, é o resultado lógico de dois mil anos de exílio durante os quais os judeus não deixaram de rezar pelo retorno à terra de seus ancestrais. "No ano que vem em Jerusalém", repetem, como uma litania, durante a Páscoa judaica. Dezenas de milhares de judeus vêm instalando-se na terra santa desde o final do século XIX. Como se sabe, a região sempre conheceu uma presença judia através dos séculos, como em Safed e Jerusalém, mas Tel-Aviv foi a primeira cidade "judia" a se elevar, a partir do começo do século, sobre as colinas arenosas de uma borda de mar. O sionismo religioso está de certo modo inscrito na Bíblia, mas o sionismo profano e político foi teorizado por um austríaco, Theodor Herzl. O homem é um jornalista vienense em voga na Viena do final do século XIX. Ele dirige a *Neue Freie Presse*, espécie de *Times* da época. Sua trajetória é edificante. Ele pregou durante muito tempo a assimilação total dos judeus. Tal assimilação seria, a seu ver, a única via possível para acabar com a opressão de que seu povo foi a vítima através das épocas e dos mundos, desde a expulsão da Espanha em 1492 ou do reino da França, menos conhecida, por São Luis, até os pogroms que sacudiam a Rússia tsarista, passando pelo status de *dhimmis* – cidadão de segunda zona –, concedido às minorias nos países muçulmanos. Quando Herzl desembarcou em Paris para cobrir o caso Dreyfus, suas convicções assimilacionistas ficaram abaladas. Assim, no primeiro país a conceder plena cidadania aos judeus, um homem era preso ao pelourinho por causa de suas origens! Herzl concluiu que, se a França, país modelo, podia cair em tamanho caos, só a criação de um lar judeu independente poderia devolver o orgulho espezinhado a esse povo em exílio permanente, à mercê dos ventos violentos da História.

Por muito tempo, Herzl pregará no deserto. Os judeus alemães, ferozes partidários de uma assimilação total – dentre os quais muitos, como Fritz Haber, converteram-se ao cristianismo –, têm um ódio feroz daquele que consideram um traidor, um obstáculo à sua integração, até mesmo um motivo de antissemitismo.

Desde de sua viagem a Praga, Einstein começou a sentir simpatia pela causa sionista. Seu percurso ao interior do judaísmo é singular, insólito. Seus pais viveram numa mistura de fidelidade à tradição e vontade de emancipação própria das comunidades judias dos países ocidentais. Assim, primeiro tinham pretendido chamar Albert de "Abraham", antes de optar por um nome de consonâncias mais "germânicas".

No começo do século XX, essa nova Prússia, aberta à modernidade, pretende ser violentamente assimilacionista. Em Berlim, um grande número de judeus abjura de sua fé. Esses neocristãos são recrutados aos milhares, sobretudo na alta burguesia judia. Esta, fortemente envolvida na industrialização do país, presente em todos os domínios da arte, quer entrar no círculo glorioso da nação alemã, na via da unificação, e manifesta um certo desdém pelos "judeus orientais" fugidos dos pogroms da Rússia e da Polônia.

Einstein exibirá sempre um profundo desprezo por essa negação das origens, esse ódio de si, e reivindicará um conceito muito pessoal da religião judaica. Seu indefectível apego a suas ascendências se traduzirá por um engajamento sem limites na causa sionista. Ele declara: "Devemos reaprender a nos orgulhar de nossos ancestrais e de nossa história. Devemos nos considerar outra vez como um povo com deveres culturais, de modo a reforçar nosso sentimento de comunidade."[1]

O engajamento sionista continua sendo um mistério por parte de um homem do qual se conhece a oposição a toda forma de nacionalismo, que pretende ter-se libertado das imposições sociais e culturais. Einstein explica: "Se não fôssemos obrigados a viver no meio de homens intolerantes, mesquinhos o violentos, eu seria o primeiro a rejeitar qualquer nacionalismo em proveito de uma comunidade humana universal". E ainda: "Eu vi o mimetismo execrável em judeus de grande valor. Vi como a escola, os panfletos minaram nosso sentimento de dignidade [...]. Trata-se de um nacionalismo, mas sem vontade de poder, preocupado com dignidade e saúde moral."[2]

O mesmo homem prosseguirá: "Mais dignidade e independência em nossas próprias fileiras! Somente quando ousarmos considerar a nós mesmos como uma nação, somente quando nós mesmos nos respeitarmos é que poderemos procurar obter o respeito dos outros..."[3] O que caracteriza nosso homem não é sua fé, que na maior parte dos casos não é tão profunda, mas seu pertencimento à *nacionalidade judia*.

Fato curioso: foi em 1879, ano do nascimento de Einstein, que a palavra antissemistismo foi inventada, registrada pela primeira vez nos escritos de um agitador político, Wilhelm Marr. Em 1920, Einstein profetizará: "A aversão contra os judeus repousa simplesmente no fato de que os judeus são diferentes dos não judeus... Essa aversão é uma consequência da *existência* de judeus, não de suas particularidades."[4] O itálico foi colocado por ele.

Assim, se bem que não praticante e antinacionalista, Einstein, no decorrer dos anos, se mostrará um militante ativo do movimento sionista. Ele clamará diante de uma assembleia de judeus americanos:

> Para nós, judeus, a Palestina não é vista como uma obra de caridade ou uma implantação colonial. Trata-se de um problema de fundo, essencial para o povo judeu. Há dois milênios, o valor comum a todos os judeus se perpetua através de seu passado [...]. Mas o povo judeu não parecia ter força para as grandes realizações coletivas [...]. A Palestina não é um refúgio para os judeus orientais, e sim a encarnação renascente do sentimento de comunidade nacional de todos os judeus [...]. Por essa razão, é importante que nós, judeus, recuperemos a consciência de nossa existência como nacionalidade [...]. Devemos aprender a nos interessar lealmente por nossos ancestrais e nossa história, e devemos, como povo, assumir missões suscetíveis de reforçar o sentimento de comunidade [...]. Peço que considerem o movimento sionista nessa perspectiva [...]. A Palestina será para todos os judeus um lugar de cultura, para os perseguidos um lugar de refúgio, para os melhores de nós um campo de ação. Para os judeus do mundo inteiro, ela encarnará um ideal de unidade e um meio de renascimento interior.[5]

Parece que estamos escutando Herzl e lendo uma passagem de seu renomado livro *O Estado judeu*. Em 1919, numa carta a seu amigo Paul Ehrenfest, Einstein escreve: "O que me dá mais alegria é a concretização do Estado judeu na Palestina".[6] Um ano mais tarde, ele reconhece: "Acabo de empregar o termo nacionalidade judia sabendo que talvez ele venha a encontrar resistências".[7] Em 1925, esse indomável cosmopolita repetirá em uma mensagem para a inauguração da Universidade de Jerusalém: "O nacionalismo judeu é hoje uma necessidade, porque somente consolidando nossa vida nacional poderemos eliminar os conflitos que hoje afligem os judeus".[8] O assassinato de Rathenau é um exemplo disso.

Seu percurso pessoal explica essa aparente contradição ideológica. Ela remonta às fontes da adolescência, quando a família Einstein acolhia em casa Max Talmud, o estudante russo que, por causa de sua ascendência, não podia estudar nas universidades tsaristas. Max Talmud não só iniciou Albert nas matemáticas e na filosofia, como também relatou sua própria história: os pogroms, a proibição imposta aos jovens judeus de entrar nas universidades russas; a populações judias mantidas inteiramente afastadas das cidades russas, confinadas nos guetos, sujeitas, à menor crise, aos atos de violência das populações apoiadas pelos cossacos.

O aspecto que parece ter marcado o jovem Albert mais do que tudo foi a proibição feita a seus jovens correligionários de integrar as universidades, sua aceitação a conta-gotas nas universidades europeias. A exclusão dos jovens judeus do saber – saber que constitui para o sábio o mais precioso dos tesouros – nutriu em Einstein uma ambição um pouco louca. Ele sonhava, desde os anos 1915, em contribuir para a fundação de uma universidade hebraica. Uma universidade onde os estudantes fossem resgatados de sua condição, libertados do olhar dos outros. Esses jovens poderiam dedicar sua inteligência apenas às próprias pesquisas.

> Devemos elucidar perfeitamente nossa condição de estrangeiros e dela deduzir as consequências. É insensato querer convencer o outro de nossa identidade intelectual e espiritual. Devemos nos emancipar socialmente, trazer nós mesmos uma solução para nossas necessidades sociais. Devemos constituir nossas próprias sociedades de estudantes.[9]

Essa universidade, ele a vê estabelecida em Jerusalém. Ela acolherá não apenas os estudantes judeus, mas igualmente os jovens árabes. Pois Einstein, duplamente visionário, não encobre as dificuldades que esse projeto um tanto louco de retorno à terra ancestral poderá encontrar. Ele não se esquiva da questão árabe. Sonhador impenitente, pensa que a sabedoria das nações saberá superar as dissensões, triunfar sobre os ódios. O movimento de libertação do povo judeu que almeja, justamente no momento em que está sendo preparado, em outros espíritos, um movimento de extermínio do povo judeu, ele não o vê sendo realizado às expensas do movimento de libertação das nações árabes. É a paz entre os povos que o pacifista quer. Mas é também, com urgência, oferecer uma porta de saída às massas judias da Europa, pauperizadas, oprimidas no Leste. Esse combate quase solitário não é a primeira contradição desse homem nem praticante nem crente, mas que nutre um forte elo, um tanto irracional, de pertencimento à sua comunidade de origem. É provável que esse elo venha de longe. Seria iluminado com a luz dos reflexos das velas que sua mãe acendia nas noites de Shabat? Einstein jamais se esqueceu de onde veio.

Nesse começo dos anos 1920, Einstein, que sempre olhou a arrogância prussiana com desconfiança, vê os ataques à sua pessoa se multiplicarem. Ele constata: mais do que sua teoria, investem contra suas origens. Einstein tem algo de visionário. Ele afirma, em 1922, que os judeus não têm mais do que uma década para viver na Alemanha. Einstein, bem antes dos outros, e talvez porque catalise sobre seu nome um ódio incomensurável, sente soprar o vento ruim da História. Fortalecido por sua notoriedade, passará os meses de abril e maio de 1921 percorrendo a América, em companhia de Chaim Weizmann, para coletar fundos em benefício da organização sionista. Será recebido na Casa Branca pelo presidente Harding, onde pleiteará a criação de um Estado judeu. Visitará o conjunto das comunidades judias americanas e lhes pedirá contribuições para seu sonho de edificação de uma universidade hebraica.

No ano de 1923, a Inglaterra acolhe em Jerusalém aquele que jamais escondeu suas simpatias sionistas. A potência mandatária recebe o Nobel com as honras devidas a um chefe de Estado. O Reino Unido, mais do que nunca, faz o jogo do antagonismo entre os dois povos. Opõe-se, há algum tempo, com seu "Livro branco"*, à imigração de qualquer novo judeu para essa terra – a proibição durará até às piores horas da Shoah, recusando qualquer asilo aos refugiados em fuga do nazismo...

Ele coloca o pé sobre a terra santa. Descobre um espetáculo que supera suas esperanças, uma visão a mil léguas do que imaginava. Pensara, durante a viagem aos Estados Unidos, em coletar fundos para um deserto onde estavam montadas algumas tendas ocupadas por jovens iluminados expulsos das estepes orientais. Descobre cidades construídas sobre a areia, com edifícios se elevando para o céu. Cidades judias que não são guetos! Tel-Aviv, a capital de um Estado que não existe, a "Colina da Primavera", foi fundada numa colina sobre a praia em 1909. Em 1921, recentemente nomeado o primeiro prefeito da cidade, Dizengoff, que chegou à Palestina vindo da sua Bessarábia natal em 1892, acolhe Einstein como um herói. Para o sábio, é um verdadeiro choque. Quer dizer que um Estado judeu é possível! Assim, o sonho de Herzl já está em vias de se realizar. Depois da visita a Tel-Aviv, é a vez de Haifa, Jerusalém, Safed. Os judeus já começaram a voltar para sua terra ancestral, a construir o embrião de seu Estado. A andar pelas ruas sem que nenhuma voz de sotaque prussiano ou russo lhes lance insultos. Ele

---

* Os ingleses decidem, em maio de 1939, promulgar sob a forma de um "Livro branco" um projeto favorável aos palestinos, prevendo que a independência da Palestina fosse adquirida dentro dos dez anos seguintes. Através das Land Transfer Regulations, esse texto limita a imigração judaica e garante os direitos dos palestinos sobre suas terras. Winston Churchill participa da elaboração do "Livro branco". Depois da guerra, essas medidas serão abandonadas.

visita *kibutz*. Observa, incrédulo, judeus cultivando a terra. Depara-se com judeus em armas – judeus em armas! – que lutam por sua bandeira, sob seu próprio hino. Revê a figura de Rathenau assassinado.

Atravessa os vilarejos de tendas, plantados em terra áridas, onde gente jovem, a maior parte vinda da Rússia e da Alemanha, tenta inventar um novo modo de vida. Sente-se tomado de orgulho diante dessa juventude cheia de ardor que está construindo um novo mundo. O contraste entre os guetos da Europa do Leste e os *kibutz* da Palestina o impressiona. Eles vêm do mesmo povo, esses jovens construtores que desafiam o exército de Sua Majestade, e os piedosos ortodoxos que vivem com medo, sob a ameaça dos sabres dos cossacos?

É sua última conferência em Tel-Aviv, antes da partida para a Alemanha, a Alemanha onde, ao mesmo tempo, Hitler sai da prisão depois de seu golpe fracassado, com uma mala contendo um manuscrito redigido de próprio punho, seu *Mein Kampf*, que promete o extermínio da "praga judia".

Einstein declara diante de uma assembleia exultante: "É o dia mais bonito da minha vida... É um grande momento, o momento de libertação da alma judia." [10]

No entanto, essa terra dita santa não é o jardim do Éden. E Einstein, apesar de sua exaltação, não sofre nem de angelismo nem de cegueira. O Nobel atravessou também vilarejos árabes, observou os habitantes, compreendeu as tensões, vivas, mortíferas entre as duas nações em vias de se edificar. Ele, o pacifista, o apóstolo do cosmopolitismo, pressente a confrontação entre os nacionalismos judeu e árabe. Sua visão do lar judeu na Palestina situa-se entre idealismo e pragmatismo. A seu ver, os valores espirituais e morais devem estar no cerne das preocupações de um Estado judeu. Ele dará mostras de um senso político fora do comum. Pregará ao mesmo tempo a necessidade histórica de um nacionalismo judeu, fundado na ligação secular à terra, berço do povo judeu, centrado na ligação a valores morais e culturais. Porém, a seu ver, o sentimento de pertencimento nacional, o renascimento de uma nação judia deve se produzir em total entendimento com o mundo árabe. Ele alertará contra a intolerância que todo nacionalismo traz latente, mesmo que nutrido de sofrimento milenar. Seu engajamento é marcado por um inacreditável caráter visionário. É de sua boca, durante um discurso diante da comunidade judia alemã, que se ouvirá no discurso sionista, talvez uma das primeiras vezes, literalmente, a expressão "problema palestino". Ele fala de povo irmão árabe, de coabitação necessária. Conclama que se atendam aos interesses da população árabe tanto quanto aos dos judeus. Recusa a arbitragem da potência inglesa da qual desconfia.

Ele sonha com um grande Oriente Médio, rico em vida intelectual e econômica, igual à da Europa. Reivindica um sionismo afastado de toda consideração colonialista, recusa até mesmo a ideia de que a Palestina seja apenas um simples refúgio. Terrivelmente pessimista sobre o futuro dos judeus da Europa, dá mostras de um otimismo, desprovido de angelismo, sobre a questão judaico-árabe. Em um discurso sobre os intentos da pátria judaica na Palestina, explica:

> O estabelecimento de uma cooperação entre judeus e árabes não é um problema da Inglaterra, e sim nosso. Judeus e árabes, devemos nos entender nós mesmos sobre as linhas diretivas de uma política de comunidade eficaz e adaptada às necessidades de nossos dois povos [...]. As dificuldades encontradas esclareceram nossa maneira de ver o problema palestino, livraram-no das impurezas de uma ideologia nacionalista.[11]

Na "Carta a um árabe", que envia para o jornal *Falastine*, ele escreve:

> Devemos resolver de forma nobre, publicamente e dignamente, o problema da coabitação com o povo irmão árabe. Nossos dois povos podem resolver as dificuldades pendentes. Nossa situação atual apresenta-se desfavorável porque judeus e árabes foram colocados frente a frente como dois adversários pela potência mandatária.[12]

Ele menciona um "conselho privado", organismo gerido por uma mistura igual de membros de cada campo, judeus e árabes – médicos, juristas, chefes religiosos, representantes de operários –, encarregado de resolver os problemas de coabitação. Esse projeto data de 1930. O Nobel de Física teria merecido o Nobel da Paz...

Contudo, e esta é justamente a contradição do personagem, Einstein não voltará a essa terra. Recusará até mesmo a presidência do Estado de Israel recentemente criado, que lhe será proposta por Ben Gurion anos mais tarde. Einstein sente-se velho demais para um combate assim. Não pertence a essa história em vias de se fazer, com suas alegrias e seus dramas. Aqui, o povo judeu se constrói como nação, confrontado com a audácia e com as angústias de um combate inédito em sua história. Einstein pertence a um outro ramo desse povo, um ramo que se partiu na manhã do dia 24 de junho de 1922, em Berlim, sob as balas destinadas a Walther Rathenau. Com esse ramo, dentro em breve, se farão fogueiras.

Primeiros reveses

Jerusalém-Berlim, a viagem de volta é totalmente um símbolo. Einstein retorna a um país a caminho do extermínio programado de seu povo. Ele faz o itinerário inverso daquele com que vão sonhar, dez anos mais tarde, os judeus perseguidos pelo advento do Führer.

Einstein retorna à Academia de Berlim. Está cansado das viagens, das honras, dos cortejos. Quer largar as malas, voltar a trabalhar.

Ele retoma suas pesquisas. Sua ambição está decuplicada. O Nobel almeja reunir suas descobertas sob um mesmo conjunto explicativo, uma espécie de memorando para compreender o mundo do infinitamente pequeno ao infinitamente grande. Einstein quer escrever o grande livro do mundo. Suas lacunas em matemática constituem um obstáculo à generalização de suas teorias? Ele se cerca de uma sucessão de assistentes, gente "forte em matemática" que ajuda o mestre em seus cálculos. Nenhum fica muito tempo junto do sábio. Einstein sabe suscitar a admiração. Suas exigências, seu individualismo sufocam o desejo e a coragem de seus colaboradores. Coberto de honrarias, o homem permanece um solitário. Um combate duro, decisivo o aguarda. Sobre um campo de batalha onde não esperava ser atacado: o campo das partículas elementares.

Enquanto Albert posava diante dos fotógrafos e recolhia os frutos da glória sobre todas as terras do mundo, outros, estabelecidos em seus departamentos de pesquisa, debruçavam-se sobre a teoria dos *quanta* – a que ele contribuíra para desenvolver e que lhe valera o Prêmio Nobel. Esses pesquisadores, que se aventuram contentes sobre o terreno de caça de Einstein, são jovens físicos tão intrépidos e entusiastas quanto Albert com seus vinte anos. No tempo em que o rapaz partia temerário, à mão armada, para o assalto da fortaleza newtoniana. A glória veio para tornar o sábio realizado. Doravante, ele é o novo papa da física mundial. Seguindo a marcha do progresso, nessa guerra pacifista executada pelos cérebros, Einstein constitui o alvo natural da jovem guarda. As terras que ele conquistou são impérios a serem tomados. O combate pelo conhecimento é tão parecido com as guerras feitas pelos homens que dá para confundir. Os Césares têm seus Brutus; os Napoleões, suas retiradas para a Rússia. Para Einstein, chegou o tempo do desastre.

Louis de Broglie é aluno de Paul Langevin, amigo de Einstein. O rapaz, oriundo de uma célebre e riquíssima família aristocrática francesa, é apaixonado pelos trabalhos do Nobel. Ele trabalha com afinco em cima de suas conclusões. No dia em que apresenta o fruto de suas pesquisas a seu diretor, este fica estupefato. Os trabalhos de De Broglie contradizem as conclusões de Einstein.

Toda a concepção que define a estrutura e os poderes do átomo é reinterpretada. Para Broglie, Einstein está errado. Langevin examina com prudência e interesse os trabalhos do jovem. Indaga sobre as pesquisas realizadas por outros sábios. Descobre que Broglie não é o único a abalar as conclusões de Einstein. Na célebre Universidade de Göttingen, Werner Heisenberg, de 23 anos, chega por outras vias à mesma conclusão. Em Cambridge, ao mesmo tempo e sem combinação com seus dois jovens colegas, Paul Dirac, de 23 anos, chega a conclusões idênticas. O credo einsteiniano, no que diz respeito à teoria quântica, apresenta equívocos; suas brilhantes conclusões são aproximativas, misturam erros e contradições. Na Suíça, um jovem físico austríaco, Erwin Schrödingen, obtém os mesmos resultados. Porém, todos esses sábios espíritos admiram Einstein. Em vez de demolir a estátua que mal acabou de ser edificada, eles querem contribuir com sua pedra para a edificação dessa nova física. Consideram Einstein um chefe espiritual, mas o fazem vestir o manto de um Moisés que ficou numa das margens do Jordão, proibido de alcançar a Terra Prometida.

Os artigos começam a aparecer, colocando em dúvida as conclusões do Nobel ou desejosos de consertá-las. E os espíritos se exaltam. Diante da jovem guarda, Einstein aparece como um chefe solitário e sem exército. Mesmo ferido em seu orgulho, o Nobel não se recolhe sobre suas certezas. Aceita receber Heisenberg por duas vezes, com um ano de intervalo. Entretanto, a cada encontro, cada um insiste na própria posição. A atmosfera é glacial. Heisenberg permanece sobre a mesma linha, ao passo que Einstein tenta desestabilizá-lo. Curiosamente, os argumentos de Einstein não repousam em uma análise precisa dos trabalhos de seus contraditores, mas simplesmente em uma "intuição". Einstein condena a nova física quântica em nome de argumentos que o teriam feito sorrir vinte anos antes.

O que está em jogo? Como resumir esse debate que agita os pesquisadores? Em seu artigo de 1905, Einstein lança a hipótese de que as ondas de luz apresentam, de modo aleatório, *quanta* de luz cuja presença e número determinam a intensidade do raio luminoso. Mais tarde, o físico Niels Bohr, amigo íntimo de Einstein, estende a estrutura da luz à do átomo e associa os dois. O átomo compreende um núcleo em torno do qual gravitam partículas carregadas negativamente, os elétrons. Os elétrons possuem uma energia que se modifica segundo a órbita sobre a qual eles gravitam. Passando de uma órbita a outra, podem perder energia, e essa energia transforma-se em luz emitida – cuja unidade é o fóton. Quanto maior for o número de fótons emitidos, mais viva será a intensidade luminosa. A questão que se apresenta é saber quando se produz o acontecimento e se é possível prever sua ocorrência. A emissão se faz de modo inteiramente aleatório? Ou seu surgimento é comandado por uma lei ainda ignorada, ainda a ser descoberta? Einstein opta pela segunda solução. Para o Nobel, se ninguém pode prever a ocorrência de tal acontecimento físico, uma teoria viria posteriormente dar-lhe base. Convém prosseguir com as pesquisas. Para o físico, a estrutura do átomo e a emissão de luz não podem organizar-se na indeterminação e no caos. Para Einstein, o universo é organizado de acordo com regras. Nada é aleatório. Basta procurar as chaves.

De Broglie e seus jovens colegas de toda a Europa não podem se resignar a essa vaga constatação sem suporte científico, que repousa apenas na intuição. Os pesquisadores definem uma nova mecânica do átomo, que eles chamam de "mecânica ondulatória". Essa definição aposta nas capacidades ondulatórias das partículas atômicas. O paradoxo é que a solução se parece com aquela que Einstein descobrira sobre a luz. A jovem guarda a estende "simplesmente" à matéria. Sabe-se que a luz pode refratar. Daí eles concluem que a matéria também pode!

Constatara-se que a emissão das partículas de luz, a intensidade e a frequência da irradiação eram aleatórias. Todavia, mantivera-se a convicção de que a posição das partículas atômicas, a trajetória dos elétrons, respondia a uma regra estrita. Era uma das bases da física mecanista. A teoria de Heisenberg chega para varrer tais certezas. A estrutura da matéria, a do átomo, não pode ser definida senão por sua irradiação emitida. A física mecanista é enterrada pela mecânica quântica ou mecânica ondulatória. Isso, Einstein, com sua "teoria dos *quanta* de luz", pode aceitar. No entanto, Bohr vai mais longe, uma vez que estabelece um elo formal entre partícula atômica e onda luminosa, elétron e fóton. Suas pesquisas estabelecem a preeminência do comportamento do fóton emitido sobre o movimento do elétron. É a passagem da física mecânica à física quântica.

Bohr se explica: sabe-se unicamente avaliar as consequências desses "acontecimentos". Essas consequências observáveis estão na luz emitida, e não na trajetória hipotética do elétron que a produziu. Einstein ainda consegue aprovar essa teoria de Bohr. O que ele não subscreve é a ideia do aleatório. Segundo Bohr, nenhuma lei jamais poderá predizer a frequência e a intensidade da luz emitida por uma partícula. Einstein não pode adotar uma teoria que toma por postulado a obra do inexplicável, do incalculável, a obra do acaso. Bohr, Heisenberg e seus colegas consideram essa noção de acaso fundamental, o elemento que permite estabelecer a física dos tempos modernos. Para eles, a estrutura elementar é uma equação de duas incógnitas. O conhecimento de uma impede o cálculo da outra.

Esse julgamento definitivo – espécie de condenação à ignorância –, Einstein não admite. Nenhuma equação pôde ainda determinar a vinda do acontecimento quântico? É porque ninguém foi capaz de encontrá-la, e não porque ela não exista. Aos olhos de Einstein, *tudo* pode ser posto em equação. Não há acaso no universo. Einstein, o grande Einstein, se empenhará, mais tarde, em formular a resposta a essas indagações na forma de uma teoria que una as leis da física. Einstein descobrirá uma teoria do "campo unitário". O conceito definitivo, explicativo de todos os fenômenos naturais. Essa teoria não alcançará seu objetivo.

O Congresso Solvay de outubro de 1927, o mesmo que havia consagrado Einstein em 1911, será a arena de um drama. O embate é desigual. Diante de Einstein sozinho, fechado num mutismo reprovador, irão todos à tribuna, os membros da jovem guarda da mecânica quântica, sob a tutela de dois pesquisadores de renome, Bohr e Born. Não duvidam das próprias convicções, da própria vitória. Suas conclusões instauram uma nova física, que ultrapassa a "inventada" por Einstein. Insistem, porém, no fato de que suas teorias não fazem senão prosseguir, concluir a teoria einsteiniana. Einstein não quer acreditar no que está escutando. Ao sair do silêncio, sua argumentação é atacada por seus jovens contraditores. Os interlocutores iconoclastas permanecem respeitosos em relação ao Mestre, mas a afabilidade de suas respostas tem o tom de um enterro de primeira classe. Em desespero de causa, não encontrando o que responder, Einstein varre as conclusões de seus opositores com sua doravante célebre: "Deus não joga dados com o mundo". Essa frase semeia a consternação e a incompreensão entre os mais próximos de Einstein. Para eles, nenhum Deus reina sobre o mundo quântico. Einstein teria perdido a razão? Estaria velho demais, aos 47 anos, para se rever? O que Deus tem a ver com esse assunto?

O fim do congresso marca o advento de uma nova física quântica em contradição com a teoria de Einstein. O homem sente-se batido, abatido. Resignado, duvidando de si, pela primeira vez na existência termina confessando sua incapacidade de captar a complexidade das novas pesquisas. Diz que está velho demais. Ao falar assim, ignora que os dias e os anos que virão serão uma longa e permanente luta, com seu lote de incertezas, de medos, de exílios que, se comparados com a derrota de Solvay, esta não representará grande coisa. Ele ainda não sabe que deixará nessa estrada muito mais do que a honra vilipendiada de um homem. Sim, em comparação com os tempos que virão, o Congresso Solvay, de onde ele se retira desesperado, só, humilhado, lhe parecerá um evento prazeroso.

Mas o homem não tem temperamento para permanecer ruminando derrotas. Apenas alguns meses depois da polêmica, ele propõe à Academia Sueca o nome de Heisenberg para o próximo Nobel – Heisenberg, o primeiro a desmontar sua teoria dos *quanta*!

Depois se dedica, em segredo, a novos trabalhos visando demonstrar a validade de seus raciocínios. Em 1929, Einstein ainda acredita poder estabelecer sua lei definitiva. Acaba de completar cinquenta anos. Dá a entender que suas pesquisas estão em vias de se completar. O mistério fascina a terra inteira, mantendo em estado de alerta o público, jornalistas e pesquisadores. E com efeito, um quarto de século depois, como se quisesse renovar o milagre de 1905, ele envia um artigo que pretende ser um resumo do seu "campo unitário" para o jornal da Academia Prussiana. O milagre não se produzirá. Nada de revolucionário, sequer fundamental, esconde-se nesse artigo. Einstein pode continuar afirmando que Deus não joga dados com o universo; ele parece ter perdido a mão.

Uma fraqueza pelo sexo "frágil"?

Conservamos de Einstein a imagem do cientista iluminado exibindo sua explosão de riso na cara do planeta. Porém, uma alma de adolescente, um espírito amoroso, juvenil, coabita com o gênio puro. O rumor com frequência maculou a lenda: o coração de Einstein dispara enquanto seus neurônios elaboram os princípios de um mundo novo. O rumor está certo. Einstein não considera a fidelidade uma virtude. Einstein multiplica as aventuras e as amantes. Einstein arrisca sua vida conjugal, anda na corda bamba entre duas histórias, entre duas mulheres. Einstein vive na mentira. Mente para a mulher, Elsa. Promete mundos e fundos às amantes. Parece saído diretamente de um romance de Isaac B. Singer. Vagueia pelas ruas, pelas faculdades, a aparência sempre desarrumada. Sua única obsessão parece ser a descoberta dos segredos do universo. Na realidade, o mistério feminino o persegue da mesma maneira. Nós o imaginamos com o olhar fixado nas estrelas, mas as mulheres fazem sua cabeça virar.

No começo, houve Betty Neumann. A aventura começou alguns meses depois de seu casamento com Elsa. Betty é sua secretária, mais jovem vinte anos do que ele. Einstein a conheceu e contratou em 1923. Apaixonou-se perdidamente por ela. Ela cedeu sem resistência. O homem exerce um charme irresistível tanto sobre as multidões quanto sobre o gênero feminino. Com Betty, e também com as seguintes, Einstein não se afastará da caricatura do adultério. Não quer deixar Elsa mesmo que pretenda o contrário. Nenhuma mulher jamais o fará deixá-la. Chegará a propor a Betty um *ménage à trois*! Ela recusa, ofendida tanto pela covardia de seu amante quanto pela incongruência da proposta.

Alguns anos mais tarde, será a vez de Toni Mendel, uma jovem e bela mulher que mora perto da casa dos Einstein. O romance se prestaria ao riso se não provocasse, em eco, as lágrimas de Elsa e a explosão de seu furor enciumado.

Com Toni, Einstein recupera a despreocupação de seus vinte anos, que a precocidade de seu casamento com Mileva talvez lhe tenha roubado. Ele leva a moça para velejar, toca Mozart para ela no violino, algumas serenatas no piano. É o acordo perfeito. Até Elsa obrigar Einstein a terminar com tudo.

Ela se chama Ethel Michanowski. Surge como uma espécie de Rosa Luxemburgo. É uma amiga de Margot, a própria filha de Elsa. Ethel o segue no quarto durante uma de suas viagens a Oxford em 1931. Ele escreve poemas para ela. Acaba deixando-a, não por algum remorso amoroso em relação a Elsa – parece que a culpa não fazia parte dos modos de funcionamento psíquicos de Einstein. Não, se Albert abandona a jovem Ethel, é por ter encontrado uma outra. Ela é loura, vem da Áustria. É Margareth Lebach. Exibe-se em público com ela. Por pouco ela não faz soçobrar o navio conjugal no dia em que Elsa encontra uma de suas roupas num canto do veleiro de Albert. A discussão que se seguirá não alcançará o ponto de ruptura. Elsa resiste contra ventos e marés. Contra o rumor público. Contra as ofensas repetidas. Abandona qualquer amor-próprio para conservar o amor de sua vida. Ela venera Albert tanto quanto o ama. Perdoa-lhe tudo. É sua mulher, sua prima, um pouco mãe também. O mesmo sangue corre nas veias de ambos. Ela não lhe dará filhos. Vai lhe dedicar a própria vida. Contra tudo e contra todas.

O tempo do exílio

Estamos em março de 1929, em Berlim. Meio século se passou desde que, a mil léguas daqui, longe do tormento que agita a capital alemã, no meio da calma província suábia, por trás das fortalezas da pequena cidade de Ulm onde ainda se atarefavam os fabricantes de cachimbos, o pequeno Albert dera seu primeiro grito. Os tempos mudaram tanto. Parece que se passaram cem anos. A Grande Guerra revirou a face do mundo. Ela parece ter engolido os progressos tecnológicos de dois mil anos de História para cuspi-los em máquinas de morte. A Europa está exangue. Mesmo que, por um tempo ainda, seu coração continue batendo. A alma da Mitteleuropa, e os grandes sonhos que ela transmitia, não passa de uma lembrança, um risco sobre velhos mapas. Sobre seu cadáver ainda quente, cada um dá polimento a suas armas. Pelas ruas de Berlim, onde, como em Ulm, desfilava a soldadesca prussiana sob os aplausos da criançada, hoje pululam os ratos. No espírito caótico de um povo atordoado, ávido de revanche, uma aranha tece sua teia.

Março de 1929: Einstein faz cinquenta anos. O cinquentenário de um gênio nacional deve ser festejado. A municipalidade de Berlim decide oferecer à guisa de reconhecimento ao seu mais eminente cidadão a casa de seus sonhos. Ela escolheu uma em seus domínios, perto do rio Hansel. A notícia é anunciada nos jornais. O terreno está à altura do que a fama de Einstein trouxe para a cidade. Má notícia. O lugar está ocupado. Procuram em outro lugar. Encontram um novo terreno, escolhem um arquiteto entre os melhores do movimento Bauhaus. Os meios nacionalistas agitam-se. Então, vamos nos arruinar por causa de um pseudocientista! Gastar o dinheiro da cidade com um alemão de adoção. O caso adquire proporções inacreditáveis. Decidem por um voto do Reichstag. No semicírculo, invectiva-se. O caso vai para as manchetes dos jornais. Fala-se de escândalo. As instituições de uma Weimar já em agonia, em suas pesquisas infrutíferas, são ridicularizadas. Einstein encerra o assunto. O presente envenenou-se. Einstein não o quer. A intenção era boa, ele admite, agradece. É claro, uma casa finalmente sua, sempre sonhou com isso. Mas os tijolos dessa aí cheiram a enxofre. Ele vai escolher uma, mandar construí-la em Caputh, perto de Berlim, segundo seus planos. O estilo Bauhaus? Não, obrigado. Einstein continua a ter um gosto muito clássico. Manda construir à beira de um lago uma casa de charme rústico. A compra do terreno e a construção da casa consumirão toda a sua fortuna. Quando a obra termina, ele se sente bem dentro dela, no meio das madeiras, com a vista para o lago e as árvores. Ficaria ali, diante da lareira, pelo resto de seus dias. Einstein só vai morar lá durante dois curtos anos.

Resta-lhe, contudo, perto de um quarto de século para viver. Nesse período, a História substituirá a física como matéria-prima de sua existência.

Retorno a 1923. Em julho, Albert recebia em Estocolmo, diante do rei da Suécia, seu Prêmio Nobel. Nos dias 8 e 9 de novembro, numa República de Weimar mal recuperada do assassinato de seu ministro das Relações Exteriores, numa Baviera em confronto com Berlim, a Vermelha, um homem levanta-se à frente de uma pequena tropa e tenta, com Ludendorff, um golpe de Estado contra o governo bávaro. Ele se chama Adolf Hitler. É um obscuro antigo soldado, que voltou da Grande Guerra amargo, porém armado com um imenso sentimento de revanche. Assumiu a chefia de um pequeno partido, que ele rebatizou de Partido Operário Nacional-Socialista Alemão (*Nationalsozialistische Deutsche Arbeiterpartei*, NSDAP). Contando com apenas cinquenta mil membros, mas provido de uma formação paramilitar, a SA (*Sturmabteilung*, Seção de assalto), o Partido Nazista não existe verdadeiramente senão em Munique. A frustração engendrada pela ocupação franco-belga do Ruhr dá a Hitler a sensação de que o fruto bávaro pode cair nas mãos de um partido da revanche. Mas a Alemanha ainda não está pronta para se tornar uma ditadura. Hitler, com o já fiel Himmler do lado, é detido e preso na fortaleza de Landsberg. Weimar assina sua perdição quando, magnânima, sua justiça inflige ao insurgente apenas uma condenação a cinco anos de reclusão. Hitler consegue o benefício de uma libertação antecipada no final de 1924. Em sua cela, germinou a ideologia que dará à luz o Terceiro Reich. A última página de *Mein Kampf* mal terminara e o homem estava do lado de fora, com a arma ideológica de seu futuro combate no bolso. Estava tudo exposto lá. De modo claro e explícito. A fabricação de um partido aliando movimento de massa e braço armado. Planificação da tomada do poder com a ajuda da alavanca da democracia decomposta. Organização do movimento. Lugar do chefe, culto do *Führer*. A ideologia é longamente desenvolvida com seus fundamentos cujas bases são: o etnorracismo desenvolvido antes da guerra sob a forma do pangermanismo; a supremacia racial ariana; o espírito de revanche suscitado pela derrota alemã e pela humilhação do tratado de Versalhes; o ódio contra os judeus, considerados culpados pela derrota e pela "corrupção do espírito alemão". Estava tudo lá, do "espaço vital" à escala das raças, passando pela vontade de depuração étnica do Reich de toda a presença judia.

Uma bomba de efeito retardado cuja explosão aguardará apenas oito anos.

1929. Hitler recompôs e reuniu seu partido. O golpe fracassado de 1923, a humilhação da prisão não são mais do que uma lembrança ruim. Numa Berlim doravante sob o tacão, numa Munique conquistada, desfilam as SA, com a cruz gamada nas bandeiras e o braço erguido na direção do chefe. Em 1927, enquanto Einstein sofria a derrota de Solvay, Hitler triunfava em Nuremberg. Nuremberg, o local emblemático do movimento programado para governar o mundo. Em 1929, a Alemanha inteira vive no temor das ações de um outro grupo além das SA, mais bem hierarquizado e dirigido por Himmler, o grupo paramilitar SS (*Schutztaffel*, Esquadrão de proteção), já plenamente operacional e que faz reinar o terror entre os opositores.

1929: Einstein, bom perdedor, propõe o nome de Heisenberg ao Nobel. Heisenberg será, dez anos mais tarde, o diretor de pesquisa da bomba atômica alemã.

1929: a crise econômica, que desvalorizou inteiramente o marco e jogou milhões de alemães na rua, deixa Weimar à beira do colapso. De um lado e de outro, dois movimentos poderosos querem andar sobre suas ruínas: o Partido Comunista e o Partido Nazista.

Cada um é intimado a escolher seu campo nesse espaço onde nem a social-democracia nem a direita tradicional têm mais lugar.

Os conservadores que ainda têm na memória a breve revolução fracassada de Rosa Luxemburgo, o exército que quer recuperar sua honra, a máquina industrial seduzida pelas perspectivas militaristas propostas pelo NSPD escolheram seu campo.

O velho presidente Hindenburg, candidato dos democratas – o que mostra o estado de abandono do partido –, multiplica as consultas.

Setembro de 1930: o Partido Nazista passa de três para dezoito por cento. Cem deputados do movimento têm agora assento no Reichstag.

O que faz Einstein durante esse tempo, ele, o pacifista, o internacionalista que se engajara de corpo e alma contra a guerra de 1914-1918? O assassinato de Rathenau, sua própria reflexão sobre a questão judaica, sua aversão pela assimilação forçada da alta burguesia israelita alemã, suas convicções sionistas o levam a pensar que o combate está perdido por antecipação. Apesar de seu pessimismo, a despeito de suas certezas, seu temperamento o conduz a lutar. Escreve para várias publicações afirmando seu apoio à República. Repete em suas intervenções os perigos representados pelo Partido Nazista, do qual se torna um dos alvos privilegiados. Philipp Lenard, que se opusera violentamente à sua teoria da relatividade, primeiro Prêmio Nobel a aderir ao Partido Nazista, cobre-o de injúrias nos encontros do partido hitlerista. Ele teoriza seu desprezo por toda a "ciência judia", contrapondo-a à verdade da ciência ariana. Para Lenard, um ariano não pode ser aluno de um judeu. O Nobel termina todas as suas diatribes com um vigoroso *Heil Hitler*.

Desde a "derrota" no Congresso Solvay em 1927, e apesar de sua vontade sempre intacta de inventar uma teoria do "campo unitário", Einstein parece bastante preocupado com o combate político em vias de ser travado e não quer perdê-lo ao permanecer trancado em seu laboratório. Seu espírito está em outro lugar. Depois do assassinato de Rathenau, ele se demitiu de suas funções na SDN, mas voltou para lá a fim de não ser acusado de baixar os braços. Ele se demitirá outra vez diante da impotência do organismo em se opor à Itália de Mussolini em seu combate contra a Etiópia. Reverá sua decisão, graças às injunções de Marie Curie.

A partir de 1928, as campanhas antissemitas, pedra angular da ideologia nazista, tornam-se cada vez mais intensas. Einstein viaja entre Berlim e o resto do mundo.

Durante o inverno de 1928, ele sente um mal-estar cardíaco que o faz temer o pior. Sua fragilidade o conduzirá a evitar o rigor dos invernos berlinenses e a escolher climas mais amenos.

1929. Rapazes de camisa marrom, braçadeira com a cruz gamada e botas com dobra no cano desfilam pelas ruas da Alemanha inteira, repetindo slogans que denunciam a democracia e são hostis aos judeus. Instalados em caminhões, de cassetete na mão, pequenos bandos visivelmente bem-treinados descem para bater nos opositores durante suas manifestações e, em seguida, voltam para os caminhões. Os muros das cidades cobrem-se de cartazes caricaturando os judeus, incitando o ódio e o combate.

Primavera de 1882, Hermann Einstein via Munique cor-de-rosa. Final de 1929, Hitler pintou a cidade de preto.

Janeiro de 1930: Albert Einstein escolhe passar o inverno na América, na suavidade californiana. Vai permanecer dois meses lá, a convite do Instituto Tecnológico da Califórnia. Em Pasadena, no subúrbio de Los Angeles onde reside, ele respira um ar bem diferente do ar viciado da atmosfera berlinense. Faz uma série de conferências. A viagem em nada se parece com sua primeira visita à América. Está cansado das multidões e das entrevistas. Fará o possível para evitar qualquer contacto com a imprensa, mas sua resolução não se mantém. Teria tomado gosto pela luz dos projetores? Sente-se na obrigação de se manifestar? Seu país provoca suores frios no mundo ao dar perto de vinte por cento dos votos a um partido que exibe vontade guerreira. Durante as primeiras entrevistas, deseja ser mais tranquilizador. Pretende que o voto em Hitler seja de protesto, fadado a desaparecer com o fim da crise econômica. Confessa mais tarde que deixará a Alemanha caso os nazistas tomem o poder, admitindo assim a possibilidade de tal resultado político. Depois aceita de novo o entusiasmo suscitado por suas intervenções. Em Nova York, torna a mergulhar no banho das multidões, vai receber as chaves da cidade, encontra-se com Rockefeller, a quem expõe seu programa econômico para sair da crise financeira. Lança seu célebre "Manifesto dos 2%", discurso antimilitarista que se tornará a palavra de ordem dos pacifistas do mundo inteiro. Nele, Einstein afirma que, com apenas dois por cento de opositores de consciência, o poder nas mãos de um belicista perderia toda a sua onipotência. Seu "Manifesto" estará nas manchetes do *New York Times*. Ao mesmo tempo, sua esposa está na capa da *Time Magazine*. Elsa confia sua receita para ser e continuar sendo mulher de um gênio... Ele viaja. Vai se banhar nas águas azuis das praias de Cuba, atravessa o Canal do Panamá. Durante uma entrevista, confessa sua admiração por Chaplin, o desejo de conhecer esse outro gênio do século. Em janeiro de 1931, eis os dois, um do lado do outro, sorridentes, Chaplin e Einstein, os cabelos do mesmo modo se acinzentando, de smoking e gravata borboleta. Avançam no mesmo passo, sob gritos de admiração, durante a estreia de *Luzes da cidade*. Dentro de alguns meses, um vai fugir da chegada de Hitler; dentro de alguns anos, o outro interpretará o Führer na tela.

Março de 1931: é preciso voltar para casa, a casa de Caputh finalmente terminada, perto de um lago, tão bonita, tão calma. De volta a Berlim, Einstein constata o quanto a situação política piorou. A República se desagrega a uma velocidade que ninguém poderia imaginar. A violência das SA contra os democratas alcança píncaros. Humilham, batem, semeiam o terror contra os oponentes políticos. Picham-se as lojas judias com sinais de infâmia. É o reino do terror. O perigo está às portas da casa de seus sonhos em Caputh.

Durante o verão de 1931, Einstein recebe uma visita determinante. Abraham Flexner, sumidade científica americana, atravessou o Atlântico para convencer Einstein a fazer parte, a partir da fundação, do novo instituto de pesquisa que está sendo construído em Princeton. A ida de Einstein é igualmente desejada pela universidade da Califórnia, assim como por Oxford. Einstein diz sim a Flexner, mas exige um trabalho que ocupe metade de seu tempo, pois a outra metade seria dedicada a seu trabalho na Academia da Prússia em Berlim. Einstein ainda acalenta ilusões.

O Nobel permanece alguns meses em Berlim e volta em janeiro de 1932 à Califórnia para um inverno em Pasadena.

Em março de 1932, retorna a Berlim e assiste ao desmoronamento da República.

Einstein ainda quer combater. Aceita a proposta do Instituto Internacional de Cooperação Intelectual de um trabalho junto com Sigmund Freud. O texto será sobre o espírito de beligerância. Será feito sob a forma de uma correspondência hoje célebre, trabalho de reflexão intitulado "Por que a guerra?". Sua leitura deixa um gosto de inconclusão. Os dois gênios do século, em longas cartas, fazem um apelo ao pacifismo. Procuram as origens do instinto de guerra no homem, condenam a violência política, dissertam sobre o Bem e o Mal. Os textos surpreendem. Florilégio que dosa bons sentimentos, fatuidade das feitiçarias pelo retorno à razão, fraqueza de argumentação filosófica. O que poderia ter sido um "*J'accuse*"* de elevado alcance moral, mobilizador, revela-se um espécie de ensaio um tanto cândido, cuja ingenuidade de propósitos e distância de qualquer realidade política destoam em face da violência política ambiente. Contudo, os dois sábios avaliam a amplitude do drama que está por vir. De suas próprias experiências no seio da comunidade nacional, de seu entendimento da História só se percebe a espuma. Fluxos de bons sentimentos num oceano de ódio. Publicada em 1933, essa correspondência permanecerá letra morta.

Março de 1932: o velho Hindenburg consegue ser eleito à presidência contra Hitler. A derrota não diminui em nada a determinação do Führer. Von Papen é nomeado chanceler no lugar do moderado e popular Brüning. Von Papen sonha em liquidar a República.

Julho de 1932: após uma campanha de intimidação, ódio e violência, os nazistas obtêm 37 por cento dos votos. Hitler está apenas às portas do poder. Porém, a democracia foi enterrada. Nos meios políticos, alguns nutrem a esperança de que um regime de tipo semimilitar pudesse salvar a Alemanha do nazismo. O general Schleicher, apoiado pelo

---

* "*Eu acuso*", título do artigo escrito por Émile Zola sobre o caso Dreyfus e publicado em jornal no dia 13 de janeiro de 1898, sob a forma de uma carta ao presidente da França. (N.T.)

conjunto da classe política, é nomeado chanceler em dezembro. A esperança não dura mais de um mês.

Durante o verão de 1932, a República agoniza, e Schleicher a faz viver seus últimos instantes.

O desfile dos dias de Einstein reflete a inquietude do curso da História.

Einstein torna a partir para a América em 10 de dezembro de 1932.

Janeiro de 1933: um mês mais tarde, o poder do Partido Nazista, fazendo uso da intimidação, do assassinato político e da multiplicação dos distúrbios da ordem pública, impõe a demissão de Schleicher.

Em 30 de janeiro, o velho presidente Hindenburg nomeia Hitler como chanceler.

A noite caiu sobre Berlim. Uma noite longa e funesta que durará doze anos e cobrirá a Europa de milhões de cadáveres.

Einstein está em Pasadena.

Um mês se passa.

Final de fevereiro de 1933, data do incêndio do Reichstag, posto na conta do "complô judaico-bolchevista". Uma repressão política sem precedente põe a república de joelhos. Ela não se reerguerá. Os opositores são presos, alguns assassinados. Judeus são caçados pelas ruas de Berlim. Tropas hitleristas esquadrinham a cidade, desfilam sob brados de admiração.

Março de 1933: Einstein quer voltar para o velho continente. No dia 10, ele deixa a Califórnia pela Europa. No caminho de volta, tem de atravessar a América de trem. No dia 14, festeja seu quinquagésimo aniversário em Chicago diante de uma assembleia de militantes pacifistas. Pela primeira vez, avalia de outro modo seu engajamento antimilitarista. Faz um reexame de seu célebre apelo dos dois por cento. Einstein compreendeu antes de todo mundo.

Em 17 de março, ele está em Nova York, quase na hora de embarcar. Antes, tem um encontro com o cônsul da Alemanha. É um conhecido seu de longa data. Oficialmente, o diplomata comunica-lhe a inexistência de qualquer perigo em voltar para a Alemanha doravante nas mãos de Hitler. Oficiosamente, o homem recomenda com insistência que Einstein não retorne. Ele lhe garante: sua vida está em perigo no solo alemão!

Em 20 de março, Albert está no navio que o conduz ao Velho Continente quando é informado da notícia: a casa de Caputh, o lar de seus sonhos, acaba de ser invadida pelos nazistas. Acusam o Nobel de espionagem a serviço dos bolcheviques. Procuram armas. Afirmam que Einstein está à frente de um complô antinazista. Alguns afirmam que o sábio seja o líder clandestino do Partido Comunista. Margot, a irmã de Elsa que mora na casa na época, está traumatizada pela brutalidade dos métodos empregados.

Em 28 de março, Einstein desembarca em Anvers. Decidiu estabelecer-se em Le Coq-sur-Mer, na Bélgica. No dia 30 de março, entra no consulado da Alemanha em Bruxelas. Vai executar ali um ato de alcance político e pessoal de uma força inacreditável. Como ele já tinha feito, com uma espécie de poder visionário, quando tinha quinze anos, renuncia uma segunda vez à nacionalidade alemã e devolve seu passaporte. Ao mesmo tempo, envia a carta de demissão à Academia Prussiana. Esse segundo gesto, eminentemente político, pretende ser também um sinal amistoso dirigido a seu mestre e amigo de sempre, Max Planck. Einstein quer evitar que o grande cientista, que ele admira e respeita, seja obrigado a expulsá-lo. Está tudo extremamente claro aos seus olhos. A certeza de um futuro sombrio.

Em 7 de abril de 1933, ou seja, somente três meses depois da ascensão de Hitler à chancelaria, uma das primeiras leis decretadas é a "Lei sobre a função pública". Ela soa como a primeira exclusão dos "não arianos", a da função pública. É considerada "não ariana" toda pessoa que tenha três avós judeus ou apenas dois, mas que seja casada com uma pessoa não ariana. Os professores e estudantes judeus são expulsos das universidades. O apelo ao boicote das lojas judias é lançado. Eis que chegou, em pouquíssimo tempo, o tempo da estrela que é a marca da infâmia.

Um ano e meio mais tarde, em 15 de setembro de 1935, a leis de Nuremberg serão promulgadas. Os judeus da Alemanha são destituídos de sua nacionalidade e colocados "fora do direito".

Niels Bohr, Leo Szilard – de quem se verá o papel capital um pouco mais tarde no "Projeto Manhattan" – e com eles doze outros prêmios Nobel judeus alemães são condenados à partida. Philipp Lenard, o inimigo íntimo de Einstein, logo em seguida nomeado pelo Führer diretor das ciências alemães, pode exultar. Ele ganhou seu combate.

Um mês se passa. 10 de maio de 1933. Berlim, praça da Ópera. Numa lúgubre e douta encenação de Goebbels, o local é inteiramente dedicado a uma espécie de cerimônia expiatória. Uma gigantesca fogueira ocupa o centro da célebre praça. Em torno desfilam os membros do Partido Nazista, vestidos em seus uniformes e carregando bandeiras enfeitadas com cruzes gamadas. Outros membros do partido e centenas de berlinenses, cuja população foi convocada a se reunir em torno do cortejo, aproximam-se da fogueira. Todos têm os braços cheios de livros. E então, naquela Alemanha que leu Goethe e Beethoven, Heine e Bach, atiram-se livros ao fogo. A barbárie veio imolar a civilização numa missa negra de procedimentos pagãos. Os livros de Einstein figuram em boa posição. Estão entre os primeiros a serem queimados.

As chamas queimam também outras páginas escritas por um homem cujo destino não deixa de lembrar, num outro registro, o do Prêmio Nobel. O homem cuja obra está sendo calcinada nasceu na mesma época que Einstein, num local próximo do local de nascimento de Einstein. Ele sonhava, igualmente, com uma Mitteleuropa grande e pacífica. Escrevia sobre a desordem das almas, enquanto Einstein descrevia a ordem do mundo. Aqui, no meio da fogueira, talvez as cinzas de suas obras respectivas misturem-se, voem como uma metáfora anunciadora dos tempos negros que virão. Outro judeu germanófono, um outro tipo de pensador que compartilhou dos mesmos ideais e conheceu uma glória mais efêmera, porém da mesma maneira grandiosa. Sim, é "o mundo de ontem", o de Einstein e o de Stefan Zweig, que se esvai na fumaça de um auto de fé em torno do qual se pavoneiam as multidões em regozijo e sobre o qual as chamas dançam. É chegado o tempo das fogueiras.

Einstein reside na Bélgica, em um vilarejo balneário perto de Ostende, em Coq-sur-Mer. Com o passar do tempo, teceu uma sólida amizade, baseada na música, com o casal real belga, em particular a rainha Elisabeth. Repetem-lhe, ele tem consciência: sua vida está ameaçada. Dizem que está na lista das personalidades a abater. O inimigo público número um do regime nazista. O símbolo que deve ser destruído. "O judeu mais célebre do mundo." A figura que contradiz a propaganda nazista que mostra os judeus como ratos descerebrados e ávidos. O rumor alardeia que sua cabeça teria sido posta a prêmio. Cinquenta mil dólares, dizem. Isso o faz sorrir. No vilarejo, escolheu morar de frente para o mar. A casa, uma cabana de aspecto rústico, tem por nome "Vila Savoiana". É cercada de dunas, um pouco afastada da estação que acolhe todos os anos inúmeros turistas. Pretende passar o verão ali, talvez mais. Instala-se de um modo um tanto espartano com Elsa, sua mulher, Walther Mayer, seu assistente, e Helen Dukas, a secretária que o seguiu no exílio, que o acompanhará por toda parte, que o seguirá em torno do cosmos, que o acompanhará até seus últimos dias. Helen Dukas, a única mulher de quem Elsa jamais precisará desconfiar. Ela é a guardiã do templo. É apelidada de "Cérbero". Ela abre a correspondência, dá os credenciamentos, é a conselheira, coloca barreiras ou escancara as portas para os visitantes.

Einstein faz longos passeios noturnos pela praia, extasia-se diante de um céu de estrelas ao lado de Mayer, vai almoçar no "Grand Hôtel Belle". Aqui ele se sente bem. O vilarejo o adotou. Cuidam dele. Seguem as recomendações policiais de jamais divulgar seu local de residência. O governo belga colocou Albert sob a vigilância permanente de dois guarda-costas. Fervilham agentes dos nazistas de um lado e outro da fronteira. Por trás de cada iatista pode se esconder um assassino.

Nos primeiros tempos, Einstein mostrará prudência em sua crítica ao novo regime. Cada uma de suas observações é interpretada. O alcance de suas palavras ultrapassa a fronteira belga. Os membros mais eminentes da comunidade judaica estão observando o Nobel. Cada uma de suas críticas ao regime reforça mais o antissemitismo, dá argumentos aos nazistas em sua louca ladainha: os judeus são inimigos do povo alemão, servem aos interesses dos inimigos do Reich, denigrem a nação em pleno renascimento.

De Le Coq-sur-Mer, Einstein vai até Zurique. Quer rever Mileva e os filhos. A viagem tem um sabor de tristeza, o das últimas visitas. Será, com efeito, a última vez que Albert verá Mileva. Mileva refará a vida. Vai se casar pela segunda vez. Quanto a Hans Albert, casado há pouco tempo, ele reencontrará o pai alguns anos mais tarde em Princeton. Albert não tem de se preocupar com Hans. Nunca teve. O mais velho dos Einstein sempre teve uma constituição sólida. O filho possui aquela mesma característica inquebrantável do pai. Ele não sofreu muito com o divórcio, com a separação. Está se aproximando dos trinta anos. Concluiu brilhantemente seus estudos de engenharia agrônoma na... Escola Politécnica de Zurique. Mesmo escolhendo uma via paralela à do sábio, jamais procurou entrar em concorrência com ele. Jamais viveu a relação com o pai em termos de rivalidade. Hans Albert nunca viveu o enfrentamento. A única rebelião? Curiosamente, ele reproduz o esquema paterno. Em 1926, Hans Albert apaixona-se pela jovem Frieda Knecht e decide se casar. Albert, exatamente como Mileva, opõe-se ao casamento. Frieda não lhes agrada, acham-na sem atrativos, seca. Einstein acabará dando sua bênção, meio a contragosto. Talvez o episódio de seu próprio casamento com Mileva, a oposição que ele suscitou nos pais, tenham sido determinantes para sua decisão. Eles tornarão a ver Hans Albert em 1938, quando o primogênito e sua família juntarem-se ao Nobel na América.

Mais do que tudo, a viagem a Zurique marca a hora da última visita ao caçula Eduard. Esse momento ficará sendo um dos mais dolorosos da existência de Einstein, uma inesgotável fonte de tristeza e remorsos. Reencontros que não foram senão os últimos de uma sucessão de encontros, cada um mais perturbador que o precedente. Desde a primeira infância, a atitude do filho menor, um bonito menino de tez um tanto pálida, olhos muito azuis, perturbou Einstein. A criança tinha ausências, acessos de violência. Adolescente, alternava fases de exaltação e letargia. Mandou ao pai uma carta cheia de recriminações, na qual o acusa de todos os males, e do pior deles, o de tê-lo abandonado. No mês seguinte, vai se encontrar com ele em Berlim, e juntos tocam piano. Leem os poemas que o garoto escreveu. O último encontro é pungente. Nesses últimos instantes, o pai corroído pela culpa se pergunta se o peso da ausência não seria responsável pelo estado do filho. O garoto, cuja atitude desde a mais tenra infância tanto intrigou, mostra-se como sempre ávido de amor e reconhecimento paterno. A inquietante estranheza de seu comportamento por muito tempo fez com que se temesse alguma doença mental. Aí está o rapaz, agora na aurora dos vinte anos, diante do pai no exílio. O rapaz se encontra em pleno naufrágio. Está prestes a mergulhar na loucura. Esses reencontros acontecem ora em clima de ternura, ora em clima de confrontação. É preciso vê-los, os dois, tocando violino juntos, compartilhando um momento de total harmonia, afinando o movimento de seus arcos, tocando, com os olhos nos olhos, as notas de uma sonata de Mozart. Porém, algumas horas mais tarde, uma vez passada a magia, sobrevém um fluxo de recriminações do filho contra o pai. Ou então um longo momento de estupor a que Einstein assiste impotente. O pai reviverá com frequência as horas desses dias. Fará a si mesmo sempre a mesma pergunta para saber se não teria sido preferível levar o filho com ele em sua longínqua viagem. Era de uma presença paterna que o filho tinha necessidade ou de assistência médica? O estado de Eduard degradou-se muito e com extrema rapidez. Nada, a não ser a medicina, poderia ajudá-lo de alguma maneira. E que medicação poderia acalmar os terríveis sofrimentos de que sua alma era vítima? O que se podia fazer, naquela época, contra a esquizofrenia? O repouso do espírito, uma atmosfera de serenidade exterior contrastando com os dramas interiores. Homens e mulheres de jaleco branco. Eis os únicos bálsamos de que se dispunha. O pai precisa deixar o filho ali. Mesmo que essa abdicação diante dos fatos o persiga durante a vida inteira. Dentro em breve, Eduard tentará estudos de medicina. É apaixonado pela psicanálise. Obcecado pela questão da relação pai-filho, sonha com um destino como o de Freud. Seus sonhos de psiquiatria terminarão no longo corredor de uma alma sombria. Viverá encerrado em um asilo durante os últimos vinte anos de sua existência.

    O filho de Einstein viveu entre os demônios. Morreu louco.

    No dia 9 de setembro de 1933, Albert Einstein deixa o Velho Continente em direção à Inglaterra. Esperam-no em Oxford. Vai dar uma conferência. Oferecem-lhe uma cadeira de professor. Ele declina, exatamente como recusou as propostas de Chaim Weizmann de assumir a direção da

Universidade Hebraica de Jerusalém, para cuja criação tanto trabalhou. Não quer voltar à Palestina, mesmo sabendo do impacto que tal decisão teria, mesmo que esteja mais do que nunca convencido da necessidade para o povo judeu de ter uma terra. Agora que a sobrevivência de seus correligionários está ameaçada. Agora que, por aqueles que dirigem a Alemanha, a erradicação dos judeus foi prometida. Na hora em que o homem que governa expressou claramente sua vontade de aniquilar esse povo, que pôs a decisão por escrito, que continua a clamá-la cada vez mais alto, cada vez mais abertamente, e que já está colocando em prática o que escreveu. Contudo, Einstein sente-se velho demais para uma terra tão árida, para o combate que ele vê sendo delineado, temido por ele, primeiro contra a potência mandante inglesa, em seguida contra os nacionalismos árabes e seu próprio povo. Não se imagina no alto do monte Scopus, perto do deserto da Judeia, com uma caneta numa mão e uma arma na outra. Não se sente possuidor de uma alma de chefe. Não quer se deixar arrastar para um papel que não escolheu.

Madri também lhe oferece um lugar na universidade. Ele declina. Recusa-se a afiançar a política de Franco. E, ademais, ele prometeu a Flexner. Nutre o mesmo pressentimento que teve, uma década antes, ao confiar à sua mulher que os judeus da Alemanha não durariam mais do que dez anos. A velha Europa não lhe inspira nada de bom.

Depois de uma conferência em Oxford, ele será recebido pelos maiorais da Inglaterra: Austen Chamberlain, Winston Churchill, Lloyd George... Alerta cada um deles sobre a condição dos democratas e dos judeus na Alemanha.

Prepara-se para partir. Sente-se livre de um fardo.

Mas vem do além-Atlântico a notícia de que um movimento, organizado pela Woman Patriot Corporation, começa a se manifestar para que lhe fechem as portas da América. Fazem petições, fazem pressão, escrevem na imprensa. Afirma-se em Washington, tal como se pretende em Berlim, que Einstein não passaria de um simpatizante comunista. Não querem saber de "vermelhos". Não querem saber de Einstein. O Nobel será obrigado a se justificar diversas vezes em várias entrevistas. Não, ele nunca foi comunista. E, se foi visto ao lado de simpatizantes do poder bolchevique, é por causa de um combate comum contra o nazismo ou pela paz, ou para apoiar os republicanos espanhóis. Vê-se obrigado a fazer calar a campanha. Conhece o poder dos lobbies americanos. Ele sabe – e os fatos lhe confirmarão –, a América não está inclinada a acolher da braços abertos os refugiados judeus da Alemanha. A América também vai fechar seu porto de acesso. A sorte dos judeus dentro em breve estará selada. Einstein não quer ficar dentro da ratoeira. Clama seu ódio por todos os regimes ditatoriais, sua aversão pelo sistema stalinista – sua repulsa é sincera. Ao mesmo tempo em que se publicam na imprensa americana suas declarações, e enquanto a algazarra do rumor lentamente enfraquece, ele consegue perceber o rangido de uma porta abrindo-se. As portas da liberdade, as de Coney Island.

No dia 7 de outubro de 1933, em Southampton, ele sobe a bordo do transatlântico *Westmoreland*.

Einstein deixa a Europa. Obrigado, forçado. Alvo vivo se fazendo ao largo. Einstein embarcou para a América. Vai morar lá até morrer. Até seu último dia ele se recusará a botar os pés na terra da Alemanha. Parte a caminho do exílio, derrotado, aniquilado. Mas o combate está longe de ter terminado. Seu nome e seu rosto ainda estarão nas primeiras páginas dos jornais. Suas tomadas de posição suscitarão polêmicas. Apenas sua presença arrebatará multidões. Horas de glória ainda aguardam o banido. Torrentes de lágrimas também.

Ele vê se afastarem as costas da Inglaterra, olha ao longe para o Velho Continente, sua terra natal. Um barco naufragando. No que pensa Einstein no meio do oceano? Seu destino vacila em meio à tormenta. Seus ideais foram submergidos pela louca tempestade da História. Seus combates estão perdidos. Seus próximos, condenados a fugir. Talvez ouça ressoarem, em meio ao barulho das ondas, as arengas vitoriosas de Lenard, seu inimigo de sempre. Talvez se reveja adolescente, apátrida, deixando Munique e suas paradas militares, dentro de um trem para a Itália. Mas não tem mais a força da adolescência. E o tempo e a História encarregaram-se de dilapidar suas ilusões. Lá longe, na Berlim que ele fizera sua, Hitler vocifera. Lenard exulta. Qual dos nomes a História reterá, o do cientista carregado às nuvens pelo poder nazista, erguendo o braço para o céu e clamando *Heil Hitler*, ou o desse homem, vestido em seu casaco de mendigo, que toma o barco e foge?

Princeton

O parque era cheio de árvores vermelhas e alaranjadas que deslumbravam, de manhã, sob os fogos de um sol de outono. A casa, ao fundo, parecia envolta de claridade. Tudo era calmo e belo. Às vezes, o vento vinha suspender o tapete de folhas mortas embaixo dos choupos. Depois tudo ficava calmo de novo. O céu, nesse ano, mostrara-se clemente. Quando passeava ao longo do lago Carnegie, a dois passos da casa, via cintilarem pequenas estrelas cuja simples irradiação enchia-o de serenidade. Ao longe, pássaros, talvez um voo de patos, deixavam finos traços cinzentos no azul do céu. O som de um clamor, botas batendo, os gritos de ódio ainda lhe ressoam nos ouvidos. Por trás do quadro esplendoroso oferecido ao olhar, dos tesouros de beleza que o campo exibia, continuava transparecendo o aterrador espetáculo dos calçamentos batidos pelas botas onde o medo espreitava sob o céu escuro.

Princeton, refúgio de silêncio e paz. Aqui, instalados na casa de madeira de grandes janelas envidraçadas, sombreada de pinheiros, na Library Place, número 2, os Einstein quase acreditam ter chegado no paraíso. O inferno que está sendo construído do outro lado do Atlântico, e do qual eles divisaram a entrada, parece irreal. Como acreditar que há algumas semanas eles precisaram fugir e se esconder? Os discursos de ódio, as ameaças funestas foram de fato pronunciados? Ou estão despertando de um longo pesadelo? Sim, amanhã, ou dentro de um mês, poderão voltar para o outro refúgio tranquilo da casa de Caputh. Sim, a aurora vai dissipar a noite.

Ele abre a janela, respira profundamente o ar puro com fragrâncias outonais, passeia o olhar pelas árvores ao longe. Seu olhar capta a luminosidade da manhã já bastante avançada. Batem na porta. Ele deixa a janela entreaberta, fecha um pouco mais o casaco e vai abrir. O carteiro, sorridente, entrega-lhe um pesado pacote de cartas. Torna a fechar a porta atrás de si.

Em cada envelope, selos com a efígie de Hitler. Todos provêm da Alemanha. Dentro, cartas com a mesma letra, febril e apressada, com o mesmo tom de abatimento. Desesperados pedidos de ajuda, demandas urgentes de amigos e desconhecidos. "O senhor poderia, caro Albert Einstein, interceder em nosso favor? Temos necessidade de um *affidavit** assinado por sua mão. De que seja nosso fiador. Caso contrário, estaremos perdidos."

Ele sobe até o escritório. Puxa a cortina a fim de deixar o cômodo numa semiobscuridade. Coloca as cartas sobre a mesa cuidadosamente, faz pequenas pilhas. O tranquilo gorjeio dos pássaros não chega mais aos seus ouvidos. Só os gritos de desespero habitam seu espírito. Tira da gaveta várias folhas em branco com seu timbre, apanha a caneta. Responderá a cada um dos pedidos, nem que tenha de passar ali todas as noites.

Seu status de professor do Institute for Advanced Study de Princeton deixa-lhe tempo livre. Mas o dia conta com suficientes segundos para responder a todas as solicitações? Por quanto tempo ainda seus certificados de garantia chegarão até os destinatários? Por quantos meses eles servirão de *laissez-passer*? Quantas missivas, mesmo aqui, vão deixá-lo escrever? Ele vê se delinearem em seu círculo sinais de irritação. Um refugiado alemão, ainda que Prêmio Nobel, deve mostrar-se discreto. Quem é ele para dizer à América quem ela deve acolher? A América pode receber em suas universidades todos os professores banidos do Terceiro Reich? Qual a vantagem, para todos os estudantes nascidos nesse solo, de suar sangue sobre os bancos universitários, se é para ver os postos ocupados por exilados? O que foi que todos esses

---

* Utilizado no direito americano. Trata-se de um certificado, um depoimento de testemunhas juramentadas. (N.T.)

exilados fizeram pela América? O que lhes deve a nação americana? Convenhamos, mal saímos da Grande Crise e já temos de alimentar essas massas judias que os navios despejam em fluxos contínuos em Coney Island? E ainda por cima lhes oferecer trabalho? Se a administração americana exige certificados de garantia – os famosos *affidavits* –, com certeza deve haver uma razão. Quem disse que esses homens, que o louco do Hitler considera uma raça inferior, são indispensáveis para o progresso científico dos Estados Unidos? Que se deva ajudar os pobres-diabos, pode ser, mas que se preserve a alma da nação americana!

Einstein para de escrever, a cabeça está cheia do eco dos discursos hostis. Vai longe o tempo dos estribilhos e da acolhida com fanfarras em Nova York, a chegada sob os vivas entusiasmados do herói dos tempos modernos. Hoje ele se sente sozinho, engajado em um vão combate. Abraham Flexner, o mesmo que lhe ofereceu o cargo, repete-lhe que ele precisa agir com mais cautela. Adverte-o: um vento ruim sopra sobre a América. De Nova York a Chicago, as línguas se destravam: ninguém quer que sobre essa terra se construa uma outra Terra Prometida. Alguns consideram esses refugiados, sempre ligados às suas antigas pátrias, como inimigos internos. Uma quinta-coluna. Outros imaginam, ao contrário, que num dia próximo eles empurrarão os Estados Unidos para a guerra contra Hitler. Os inimigos de nossos amigos se tornarão inimigos. Ora, a América não quer saber de outra guerra mundial. A América quer ficar afastada das nações. Há muito tempo sequer é membro da SDN. Ainda tem na lembrança as terras das Ardennes, cheias de cemitérios onde jazem os corpos de jovens americanos. Uma juventude morta para nada. Quem iria querer outra vez mandar os filhos atravessar o Atlântico e ir para a morte? Afinal de contas, Hitler nada tem contra os americanos.

Flexner, embora tão preocupado quanto Einstein, exige que seu protegido se faça menos intervencionista.

Einstein não toma conhecimento dessas injunções. Chega a tocar seu violino em concertos organizados para obras de ajuda aos refugiados.

Melhor ainda, ele consegue, sempre apesar da oposição de Flexner, obter uma entrevista privada com Franklin Roosevelt. A audiência acontece na Casa Branca em 24 de janeiro de 1934. O sábio alerta o presidente para as perseguições de que os judeus alemães são objeto, previne-o das intenções expansionistas do Führer a respeito do mundo. Einstein explica que ele próprio mudou. Não é mais o pacifista idealista de antigamente. Renega seu Manifesto dos 2% de opositores de consciência, que supostamente faria ceder o espírito belicoso dos povos. Permanece fiel ao seu humanismo, mas esse humanismo não se aproxima mais do angelismo. Ele viu a figura do diabo de frente. Sabe que para salvar a humanidade, para garantir a paz, será necessário pegar em armas, usar a força. Teme tanto quanto antecipa a complacência das nações civilizadas, que fecham os olhos diante da barbárie atuante. Estigmatiza o despreparo das democracias diante da vontade guerreira da Alemanha. É possível que a natureza dessa entrevista tenha prefigurado a carta que ele assinará, cinco anos mais tarde, de apelo ao engajamento na via da bomba atômica, como reação ao hitlerismo vitorioso.

O Nobel surge agora ao olhos de todos como uma espécie de porta-voz, um chefe espiritual. Mesmo assumindo uma parte desse papel, ele não esquece a missão para a qual foi nomeado: sua obra de pesquisa. O instituto recentemente criado tem necessidade de um cérebro. O Nobel não se esquivará. Retoma as pesquisas interrompidas pela tormenta política e volta a trabalhar.

Mergulha mais uma vez nas conclusões de todos os seus trabalhos empreendidos desde 1905. Como de hábito, julga-os, relendo-os, pouco satisfatórios. É um verdadeiro canteiro de reconstrução ao qual ele se dedica. Tudo deve ser revisto do começo. Desde a sua teoria dos *quanta* até a teoria da relatividade restrita e generalizada. Com esta obsessão: a "teoria unitária do campo e da matéria". Ele sabe que seus trabalhos de 1929 são desprovidos de real valor científico. Nutre igualmente a ambição, em outro domínio, de encontrar a equação que permita ligar, reunir campo eletromagnético e campo gravitacional.

Assim, todas as manhãs, de agora em diante um pouco mais tarde, é verdade, ele parte para o instituto. Trabalha com diferentes assistentes e colaboradores e os orienta por diversos caminhos, nos quais por vezes eles se perdem e se desencorajam. Ele mesmo nunca desiste. Torna a partir para terras científicas nunca antes exploradas com a disposição de seus vinte anos. Ainda que, com frequência, no final do caminho escolhido não haja luz.

A luz, sua luz, a que arde para ele, às vezes trêmula, o mais das vezes radiosa, iluminada, que sempre ardeu para ele, a que anima a claridade de seus dias, vai dentro em breve se apagar. Elsa vai desaparecer. Primeiro, ela vacila sob o choque do anúncio da doença de sua filha mais velha Ilse. Ilse, a filha preferida, moça frágil sempre angustiada. Ela ficou em Paris com o marido. Em maio de 1934, Ilse chama a mãe à cabeceira. Elsa, aflitíssima, embarca com a mais nova, Margot, em um navio para a Europa. Ao chegar em Paris, descobre a filha agonizante em casa. Tratam da hospitalização da moça. Os maiores nomes da medicina debruçam-se sobre seu caso. O caso é desesperador. Será enterrada em Saint-Cloud no começo do verão.

Elsa jamais se recuperará da morte da filha. Age como aquele a quem dedicou seus dias. Batalha, tenta o impossível para ajudar os dois genros a conseguir um visto de entrada para a América, cujo acesso se fecha a cada ano um pouco mais, à medida que o isolacionismo ganha terreno nos espíritos. No outono de 1935, a mudança para o número 112 da Mercer Street, para a casa de que são finalmente proprietários, é um bálsamo para o seu coração. Mas o coração fraquejará pouco depois. Continuará batendo, porém com menos força, cada vez mais lentamente.

Albert permanece junto dela noite e dia. Como seu estado apresenta uma sucessão de agravamentos e melhoras, fica horas à sua cabeceira, falando com ela, fazendo-a rir, às vezes retendo as lágrimas quando o médico passa para vê-la. Quando seu estado melhora, ela é autorizada a se levantar da cama. Vai até a janela, olha longamente para o parque. Como as árvores são bonitas, como tudo é calmo. Eles fizeram uma boa escolha com essa casa. Têm finalmente um teto, alguma coisa deles, de onde ninguém vai tirá-los. Não temem mais nada. Ele sorri, aprova. Pega na mão dela, tão fria. Durante os dias de sol quente, ele a leva para o lado de fora e caminham juntos pela alameda. Depois fazem meia-volta, quando as pernas da mulher já não a sustentam, e vão se sentar diante da janela envidraçada da sala, permanecendo em silêncio por um longo tempo. Percorreram juntos tantas cidades, passaram por tantas provações. Quando o silêncio torna-se longo demais, pesado demais, pede que ela fale. Para agradá-lo, ela acentua as entonações de seu sotaque suábio. Sua voz conservou, através das décadas, o sotaque tão suave. Ele escuta a melodia das palavras saindo da sua boca. Às vezes, quando o cansaço se instala, a voz se torna dissonante. Assim que seus lábios se entreabrem, o passado inteiro os submerge. Ela evoca lembranças que ele acreditava ter esquecido para sempre. Parece que ela conservou a memória centenária dos Einstein. Ela é a guardiã do templo familiar. "Continue falando", ele pede. E, como antes, caçoa do sotaque cantado, dos erros que ela continua fazendo. "Me conte, ele diz, me conte nosso passado." Ela lhe fala das montanhas suábias, do tio, da tia. "Fale da minha mãe", ele pede. E ela lhe conta coisas que ele ignorava a respeito da mãe. Afinal, ela a conheceu antes de ele nascer. Ela tinha três anos quando ele ainda não estava nesta terra. É da tia querida que ela se lembra. Ele beija a mão dela.

"Conte mais." Ela confessa que se lembra de cada instante do primeiro encontro dos dois, ao passo que ele não se lembra de nada. Ele tinha dez anos. A cabeça estava em outro lugar. Como poderia lançar um olhar à prima? Ela diz que naquele instante, quando seus pais foram visitá-los em Berlim, teve certeza de que o destino os faria se cruzarem de novo.

O rosto dela se ilumina quando ele lhe fala, pela primeira vez, da emoção que o tomou quando a reviu em Berlim em 1917. Como, de repente, sua vida adquiriu um sentido diferente daquele que os traços e os números podiam lhe dar. Ela o chama de mentiroso. Ele torna a lhe dizer que foi por causa dela que escolheu Berlim e foi embora de Praga. Por causa dela que ele rompeu com os seus. Está arrependido de sua escolha? Não, muito ao contrário. Não se arrepende de nada, a não ser de certas coisas que jamais deveria ter feito, tentações às quais não deveria ter cedido. "Você me perdoa?", ele pergunta. "Não sei do que você está falando", diz ela. "É você que tem de me perdoar, uma vez que sou eu que o estou abandonando."

Às vezes, dava a impressão, vendo Elsa recuperar o imutável sorriso, de que os batimentos cardíacos tinham recuperado o vigor. Mas era só uma breve melhora. O coração batera demais. Emoções em excesso, exaltações em excesso abalaram a mulher do gênio.

Elsa fechou os olhos em 20 de dezembro de 1936. Ela tinha sessenta anos.

Einstein perdeu uma esposa, uma mãe, uma companheira, uma prima e uma irmã. O desaparecimento de Elsa, apesar das imprevisibilidades de sua união, parece devorar seu passado. É a história de Einstein, sua memória viva que estava sendo enterrada. Elsa não está mais aqui, iluminando apenas com sua presença o lugar onde ele pousa o olhar. Einstein continuará seu caminho, ainda exibirá seu sorriso malicioso, seu semblante contente. Continuará soltando suas observações irônicas e acerbas. Tocará para as visitas as mesmas sonatas que tocava no passado, cujo dedilhar ele escutava pelas mãos de sua própria mãe. Einstein aceitará o grande jogo político, o cerimonial científico. Sempre, ao menor pedido de socorro, ele responderá presente. Contudo, vendo esse homem caminhar, somos capazes de jurar que lhe falta sua sombra.

No pior da tormenta sentimental e política, uma parte de seu espírito permanece ao abrigo das tempestades. Uma zona de seu cérebro é encouraçada, a que abriga sua ciência. Uma esfera de células cinzentas sempre desperta, sempre ativa. Os neurônios permanecem unicamente voltados para a pesquisa científica. O motor continua a rodar. Os trabalhos avançam na sombra de um inconsciente trabalhado pelos dramas. Como um artista que molda sua obra em pensamento, antes de dá-la à luz. A atividade intelectual de Einstein é sempre mais parecida com a do criador do que com a do cientista. Em 1905, durante as poucas semanas em que elaborou seus principais trabalhos, uma espécie de graça o habitava. A intuição, que lhe permite progredir na selva dos lugares-comuns científicos e rechaçá-los, é atravessada por fulgurâncias que o colocam no campo dos da Vinci, dos Mozart, mais do que no de Alfred Nobel.

1935: muitos estão persuadidos de que sua obra lhe dá forças. Os seus estão na borrasca, ele volta a trabalhar. Não desistiu de demonstrar a insuficiência da teoria dos *quanta* admitida em 1927. Não acredita na derrota. O rei abatido, caído, não abdicou. No instituto, dois cientistas, Rosen e Podolsky, o assistem. O primeiro, com apenas 26 anos de idade, fornece a Einstein os fundamentos matemáticos para suas pesquisas. Essa matemática que ele desprezou no passado, que às vezes lhe falta na elaboração de suas teorias, ele agora percebe o quanto se constitui num aporte precioso. Os três cientistas publicam em maio um artigo que propõe uma nova visão da mecânica quântica e demonstra seus limites.

Esse trabalho carrega as iniciais de seus descobridores: "O paradoxo EPR". Associa-se a ele Niels Bohr, o pesquisador dinamarquês. Contudo, o homem criticara-o violentamente durante o Congresso Solvay de 1927. Apesar da assistência de Bohr, Einstein não colherá os frutos do EPR. Seu artigo é reconhecido como importante para o avanço da mecânica quântica, mas não restabelece o pesquisador. Estamos bem longe do entusiasmo das descobertas de 1905. Longe também do sonho da "teoria do campo unitário". O que se vê é simplesmente o último clarão de perspicácia de um cientista fatigado. Um pouco mais tarde, com Leopold Infeld, um jovem físico, Einstein se lança na elaboração de uma história, *A evolução das ideias na física*. O livro conhece um enorme sucesso de livraria. Esse reconhecimento assegura seu status junto ao público. Todavia, o exercício de vulgarização não é do gosto de seus colegas, diminuindo um pouco mais o crédito científico de Einstein. Para dizer a verdade, às vésperas de seu aniversário de sessenta anos, em 1939, a figura do Nobel é, aos olhos dos físicos, um ícone diante do qual ninguém se inclina mais.

Ele perdeu a notoriedade. Vive no exílio. Viúvo. À sua volta se fala uma língua que não é a dele. Seu povo está na tormenta. O meio científico não o considera mais. O mundo pelo qual ele travou tantos combates está em chamas. O indivíduo que revolucionou a ciência do século XX é um homem acabado.

A bomba

Ele flutua, ao largo, dentro do seu barco. Gosta especialmente de manejar as velas. Sempre gostou de navegar. Ele navega como toca violino. Levado pelo sentimento de uma comunhão com o cosmos. Está sozinho a bordo de um barquinho de nome *Tinnef* – "coisa inútil" em iídiche. Logo vai levá-lo de volta ao cais. Amarra-o no pequeno deque em frente da casa que alugou, nesse ano de 1939 como no ano anterior, em uma pequena estação balneária nos confins de Long Island. Um vilarejo chamado Peconic. Ele orienta o mastro com o olhar em outro lugar. O mar está calmo. Nenhuma nuvem no horizonte. Um belo verão no oceano. Vêm-lhe lembranças de outros passeios de veleiro. O lago Havel, perto de Berlim, com Elsa. Em Zurique, onde fez seu aprendizado de navegador. O lago de Genebra, onde levou Marie Curie para um passeio que quase acabou mal quando o vento levantou. Infelizmente, Marie Curie faleceu há quatro anos. Nesse verão de 1939, Elsa, morta faz três anos, não está mais ali para aguardá-lo na margem, inquieta, porque disseram que o mar estava ruim.

Antigamente, o manejo da vela triangular, o efeito do vento sobre as velas, o sulco da água o inspiravam para suas "experiências do pensamento". Um dia, por pouco não perdeu a vida na tempestade dentro do seu barquinho. Ele agora fica sozinho diante do oceano. Um sopro de vento o leva para a praia. Distingue as casas de Peconic. Crê divisar no meio das outras a que ele alugou. Helen Dukas o acompanhou. Helen o acompanha sempre. É ela que separa a correspondência, agenda algumas conferências. Margot veio também. Sua enteada não o deixa mais desde a morte da mãe. Talvez ao voltar em terra tenha a alegria de rever Hans Albert. Seu filho às vezes lhe faz a surpresa de vir com a família. Depois que emigrou, que se juntou a ele em Princeton, os dois se tornaram muito próximos. Felizmente. Tem Maja também. Para Maja, sua irmã adorada, tudo foi mais complicado. Com o marido, Paul Winteler, refugiou-se em Florença em 1934. Fugindo de Hitler. Mas foram cair nas garras de Mussolini. Albert tinha desaprovado. Maja não escutou. Na Itália estavam as artes, as canções populares, as óperas, as catedrais. O papa é um vizinho. A Itália jamais se deixaria levar pelo ódio antijudeu. Em 1938, Mussolini edita um estatuto dos judeus. As crianças estão de novo excluídas das escolas, os pais perdem seu trabalho. Mais tarde, serão embarcados nos trens da morte. Albert consegue na última hora tirar a irmã do vespeiro. Maja está de novo perto dele. Como antigamente. Ele se volta para o horizonte. A calma das águas não é senão aparente. Os gritos das gaivotas que voam em círculo acima do veleiro não conseguem mais fazê-lo sorrir. Do outro lado do oceano, chegam ecos cada dia mais aterrorizantes. A Áustria foi anexada. Anexada? As multidões vienenses acolheram Hitler como salvador! Os Sudetos também foram anexados. Chamberlain e Daladier inclinaram-se diante de Hitler. Em Munique! Munique, sua boa cidade de Munique, Munique dos dias felizes da infância. Munique é agora sinônimo de vergonha! Ceder a Hitler não tinha, evidentemente, servido para nada. A guerra está agora às portas da França. Hitler prepara-se para engolir a Polônia. Einstein previu em um artigo que, uma vez o Leste invadido, uma vez com as mãos livres, Hitler vai colocar seu plano contra os judeus em execução. Ninguém prestou atenção em sua profecia. Trataram-no de louco. Pedem-lhe mais reserva. É apenas um convidado nesse país, um convidado de peso, é certo, mas isso não o autoriza a se comportar como belicoso. A guerra, aqui, ninguém quer. Já disseram isso. Não faça onda, senhor Einstein. Agora seu olhar se perde na distância. Sonha com aqueles por quem sempre lutou. As massas judias concentradas em seus guetos, com os filhos, para os quais ele sonhava com o acesso à Universidade de Jerusalém. Essas multidões estão reprimidas. Fecham-lhes as portas. As portas da América, as da Palestina, as da Rússia e da Inglaterra. O que vai acontecer com elas, com essas multidões? Ele viu com os próprios olhos a brutalidade dos homens de Hitler quando o monstro ainda nem estava no poder. Recebe centenas de testemunhos dos que foram admitidos na América a conta-gotas, às vezes graças ao seu apoio. Sabe como os SS comportam-se com os judeus alemães. Mesmo com a burguesia judia que se sentia preservada por sua suposta integração, suas medalhas de guerra, suas conversões. A cada semana chega-lhe a notícia de que um de seus conhecidos, sob o peso do desespero, preferiu dar fim aos dias. Leu tudo o que foi escrito sobre a Noite de Cristal de novembro de 1938. As centenas de assassinatos de judeus, o incêndio das casas e das sinagogas, a prisão em massa de milhares de intelectuais, médicos, advogados judeus e sua deportação para os campos de concentração, o maior dos pogroms jamais realizado, e tudo isso porque, em Paris, o conselheiro da embaixada alemã Ernst von Rath foi assassinado. Encontraram um pretexto! Dizem até que um desses campos fica a poucos quilômetros de Munique. Perto do vilarejo de Dachau. Ele se lembra de um passeio com o pai perto de Dachau. Sonha com o amigo Paul Ehrenfest, seu colega de estudos: suicidou-se. Muitos membros da burguesia judia conseguiram fugir antes que as fronteiras da Alemanha se fechassem. Muitos foram se refugiar na França. Einstein pensa em Freud, um velho obrigado a fugir. O espírito mais brilhante da Terra. Sonha com a correspondência dos dois. O "espírito de guerra". Quase tem vontade de rir. Imagina os milhões de judeus da Polônia e da Rússia, já reunidos dentro de seus guetos, já prisioneiros. Não se esquece de que seus ancestrais longínquos vieram desses locais, habitaram esses vilarejos. Esses *shtetls** são verdadeiras ratoeiras sobre as quais o gato alemão está prestes

---

* Os *shtetls* são pequenos vilarejos, quase exclusivamente habitados por judeus com frequência muito pobres. A maioria se encontra nos países do Leste, na Rússia e na Polônia. Eles são o berço da língua e da cultura iídiche.

a meter a pata. Ele sonha com o festim das multidões alemãs. Ele viu as imagens das missas negras de Nuremberg, assistiu às projeções dos filmes de propaganda nazista em que seus correligionários são comparados a ratos. A "praga judia", dizem eles. Os noticiários cinematográficos divulgam as arengas de Hitler, cada vez mais violentas, cada vez mais concretas sobre suas intenções. A declaração de guerra total entre os arianos e os judeus. Deus jogava nos dados o destino dos homens? Ele revê as imagens dos livros queimados em Berlim. Tem um pensamento para as crianças esfarrapadas da Polônia. Depois, sonha com seu filho Eduard. Sente-se aliviado por saber que Eduard não corre perigo em Zurique. Prefere não imaginar o que os SS teriam feito com o filho de Einstein. Vem-lhe à mente a última vez em que se encontraram. A visão dos demônios que agitavam o caçula, cujos espectros despontavam ao menor de seus olhares. Um peixe salta para fora da água. O reflexo brilhante das escamas atrai seu olhar. Ele inspira com força o ar do mar. Depois posiciona as velas na direção do pequeno porto. Aproveitou bastante o dia. Amanhã, infelizmente, o barco vai ficar no cais. Amanhã vai receber a visita do cúmplice de sempre, Leo Szilard, acompanhado de Eugene Wigner, seu jovem vizinho de Princeton. O que ainda vão exigir de sua pessoa? Achava que já tinha dado tudo, o melhor de si mesmo.

Perdeu o hábito de receber físicos. Não se interessa mais pela física atual, assim como a física contemporânea não se interessa mais por ele. A última visita remonta ao inverno precedente. Seu amigo e adversário de sempre, Niels Bohr, fora vê-lo em Princeton. Porém, no meio desse inverno de 1939, Niels não havia feito a viagem de Copenhague para falar de mecânica quântica. O objetivo era bem diferente de um debate entre especialistas. Era carregado de ressonâncias históricas.

Bohr, que permaneceu na Europa, em Copenhague, continuava colaborando com os físicos berlinenses. Bohr veio colocá-lo a par de uma notícia assustadora: o avanço considerável das pesquisas dos físicos alemães no campo da energia atômica. Em 1905, um dos cinco artigos publicados nos *Annalen* concluía com a célebre fórmula: $E=mc^2$. A energia é proporcional à massa de uma matéria com um fator de proporcionalidade colossal, igual ao quadrado da velocidade da luz, o quadrado de 300.000!

Se dispuséssemos de uma matéria pesada, seria possível provocar uma energia infinitamente poderosa. No entanto, existia uma matéria pela qual ninguém se interessara até o presente. Uma matéria cujo núcleo era o mais volumoso e o mais pesado dos que se conhecia. Essa matéria era o urânio.

Aplicando-se a fórmula, um único átomo dessa matéria podia emitir uma energia colossal. Ora, a energia permanecia sem efeito sobre a matéria caso esta permanecesse intacta. O átomo conservava sua potência. O mundo estava em estado de estabilidade, de equilíbrio interno. Quando, na época e mais tarde, perguntaram a Einstein se ele achava possível que um átomo pudesse liberar energia durante uma experiência, o sábio foi evasivo na resposta. Ele julgou teoricamente cogitável, mas não procurou saber mais sobre o assunto. Para dizer a verdade, não acreditava naquilo. Ignorava ter aberto, com um traço de caneta, as comportas para a mais terrível descoberta científica do século XX e talvez de todos os tempos.

A partir do começo dos anos 1930, em todos os laboratórios da Europa, as pessoas tomaram-se de paixão pelos prolongamentos a dar àquela fórmula. Em 1935, o Prêmio Nobel francês Joliot previu: aproxima-se o dia em que uma série de reações em cadeia resultará numa liberação de energia colossal. Foi em Berlim, no Instituto Kaiser Wilhelm, num dos laboratórios onde Einstein trabalhara, que a revolução científica ocorreu. E foi a própria aluna de Einstein, Lise Meitner, a quem o Nobel tinha o costume de chamar de "nossa Marie Curie", que conduzira as pesquisas. Lise Meitner depois se refugiou na Dinamarca, mas continuou a dirigir, à distância, as experimentações iniciadas antes de sua expulsão pelo regime nazista. Todos os pesquisadores trabalhavam com o urânio, cujo núcleo era o mais pesado dos núcleos de todos os átomos conhecidos. A ideia era que, seguindo a equação einsteiniana, para se obter a liberação de energia mais importante, convinha utilizar a matéria que possuísse a massa maior. Contudo, como previra Einstein, para que a energia do núcleo – a energia nuclear – fosse liberada, era ainda preciso que o núcleo explodisse, que ele fosse quebrado, desintegrado, fissionado. Em todos os laboratórios da Europa, tentava-se desintegrar esse núcleo. O átomo de urânio era bombardeado com todas as partículas possíveis. Não se conseguia quebrá-lo para que liberasse finalmente sua energia. O átomo, esse pesado, esse grande átomo de urânio se revelava indestrutível. O urânio era mergulhado na água, emitia-se um feixe de nêutrons contra ele. Todos os nêutrons falhavam. Em 1937, nos Estados Unidos, um Nobel italiano de nome Fermi, fugido do regime mussoliniano do qual era, no entanto, figura emblemática, teve a ideia de mergulhar o material num líquido diferente. A água pesada, um líquido extremamente difícil de encontrar, descoberto na Noruega. Produziu-se o milagre! Os nêutrons, desacelerados pelo peso da água, conseguiram alcançar seus alvos. Porém, o átomo de urânio permanecia intacto. Nem a menor das fissurações, nem uma mínima liberação de energia nuclear. A bomba A não era para amanhã.

Foi em Berlim que ocorreu a desintegração. Sob os olhos de Otto Hahn, que, de resto, não fazia mais do que aplicar as instruções de Lise Meitner. Bombardeado por nêutrons, um núcleo de urânio foi quebrado. Desencadeou-se a fissão nuclear! A novidade percorreu os institutos da Europa como um rastilho de pólvora. Heisenberg, sim, o jovem Heisenberg que se opusera a Einstein no Congresso Solvay, nomeado diretor do laboratório de física e agora sob a tutela de Lenard, não estava enganado. Heisenberg colocou a ciência alemã a serviço do regime nazista. Empregou brigadas inteiras de sábios em suas pesquisas atômicas. Oferecer a bomba a Hitler seria conhecer a glória por mil anos!

Todavia, Heisenberg não estava sozinho na corrida pela arma nuclear. Todos os laboratórios do mundo estavam comprometidos com essa corrida desenfreada. Cada um queria apor o próprio nome na descoberta, sonhando com a posteridade, sem sonhar com o proveito macabro que dela fariam os poderes instalados. Estavam à espreita dos progressos uns dos outros. Foi então que Joliot-Curie, a filha de Pierre e Marie Curie, esposa de Joliot, publicou um artigo anunciando na cara do mundo, nos ouvidos dos sábios alemães, o avanço de suas pesquisas. Em seu laboratório parisiense, não apenas o núcleo do urânio havia sido fissionado em dois átomos radioativos, não apenas se conseguira produzir uma energia inacreditável, como também novos nêutrons haviam sido liberados. Esses nêutrons liberados poderiam bombardear, fissionar outros nêutrons. Estava descoberta a reação em cadeia! A potência da energia atômica ultrapassaria o entendimento do espírito humano.

Primavera de 1939: a energia nuclear não apresenta mais segredo para os sábios.

Quanto a encontrar o precioso material, o material físsil: nada mais fácil. Bastava se abaixar e recolher. O mineral era encontrável em profusão em minas do Congo Belga – sem que jamais se tenha sabido o que fazer dele –, abaixo, ao lado do rádio extraído a preço de ouro por causa de seus poderes radioativos.

Bastava utilizar esse urânio pesado, obter sua fissão, e a energia desenvolvida pela fissão ultrapassaria tudo o que o entendimento humano podia prever até então. Pela primeira vez, uma equipe de pesquisadores alemães, conduzida por uma judia exilada, alcançara este inacreditável resultado:

obter a desintegração parcial do pesado núcleo de urânio até então bombardeado em vão por partículas. E a fissão do núcleo prometia liberação de energia! A fissão nuclear podia constituir as primícias de uma reação em cadeia que provocaria a mais poderosa das explosões jamais alcançada.

Inverno de 1939, Princeton.

Niels Bohr faz uma relato da situação para seu antigo mestre. Seu inventário semeia o caos no espírito de Einstein. Mesmo que os dois cientistas não tenham reais precisões quanto ao progresso das pesquisas alemãs, eles têm a convicção de que a ciência alemã, sob a égide do presidente do Instituto Wilhelm de Berlim, o antigo instituto de ambos, avançará a passos largos pelo caminho da bomba. Bohr vai embora, deixando Einstein em completo desassossego. Assim, a existência nada lhe terá poupado! A conclusão dada às suas próprias pesquisas, realizadas em 1905, poderia conduzir a Alemanha a deter a arma absoluta? A Alemanha que o jurou de morte e jurou de morte os seus: Einstein irá armar seu braço! O Nobel está em desespero. O que ele pode fazer? A quem alertar? Ninguém leva mais a sério suas intervenções. Nem no meio científico nem na população. Ele continua a ser, mesmo aqui, um estrangeiro, aguardando ainda, seis anos depois de sua chegada, que a administração consinta em lhe conceder a cidadania americana. Os rumores que continuam a se propagar sobre seu suposto passado comunista freiam o processo. É obrigado a fazer a triste constatação de sua impotência, de sua inutilidade. Dirige-se para o escritório e responde, sem acalentar ilusões, algumas cartas de solicitação vindas de refugiados, joga no lixo suas últimas considerações sobre a "teoria do campo unitário" e depois vai fumar cachimbo no meio das árvores centenárias do parque.

Seis meses se passam, sucessão de anúncios de desgraças e dramas marcados pela mesma admissão de impotência, pela certeza de que o pior ainda está por vir. Chegou o verão,

verão estranho. O sol radioso não produz nenhum sentimento de alegria. O azul do céu esconde sombrios horizontes. Albert amarra o *Tinnef* e avança pelo deque. Um carro está estacionado na frente da casa. Ele vê silhuetas sentadas em volta da mesa da varanda. Visitas. Quem ainda perderia tempo vindo vê-lo?

Eugene Wigner, seu antigo aluno do Instituto Wilhelm! E Leo Szilard, seu colega dos anos felizes em Berlim! O que estão fazendo aqui? O que vieram procurar? A situação é tão desesperadora que esses dois homens ainda na força da idade não têm nenhuma outra coisa para fazer senão visitar um velho? Nessa tarde, eles se instalam na varanda de frente para o mar. Wigner se queixa de ter procurado a casa durante muito tempo. Szilard prefere lembrar ao Nobel os bons velhos tempos. A Berlim dos anos 1920, quando os dois cientistas construíram um refrigerador que eles julgavam revolucionário e que esperavam fabricar industrialmente. Cada um rememora a época do Instituto Wilhelm. As pesquisas comuns, as discussões que não nunca acabavam sobre os *quanta*. Como tudo aquilo parecia longe hoje. Longe e sobretudo irrelevante. Em vez de brigar sobre a teoria dos *quanta*, não teria sido melhor lutar contra a ideologia nazista? A figura de Werner Heisenberg vem ao espírito de cada um deles no cruzamento dos combates teóricos e das batalhas ideológicas. Werner Heisenberg dirige agora as pesquisas sobre o átomo. Heisenberg jurou fidelidade ao Führer. A conversa introdutória chegou ao fim. Os dois visitantes passam aos fatos.

Szilard começa a falar mais febrilmente. Ele explica que Heisenberg está prestes a encontrar a solução para a fissão nuclear. De Paris, Joliot alimenta as revistas internacionais com os resultados de suas descobertas, que Heisenberg cuidadosamente coleciona. O próprio Niels Bohr não hesita, em nome da ciência, em mandar publicar as conclusões de seus trabalhos. Todos contribuem, sem querer, mas em consciência, para o progresso dos pesquisadores alemães, que de resto não ficam atrás. O instituto é um dos melhores da Europa, mesmo que sua arianização o tenha feito perder alguns de seus melhores elementos. Heisenberg deve estar no caminho da descoberta da arma nuclear. Oh, é claro, ele ainda não encontrou a equação definitiva. Não obteve, a partir da fissão do urânio, a explosão nuclear. Sem dúvida, é só uma questão de tempo. Dentro de alguns meses, amanhã, os nazistas possuirão a arma atômica. Eis por que Szilard e Wigner se dispuseram a vir até aqui. Eis o que eles vieram anunciar a Einstein.

O fim do mundo.

Albert escuta os profetas do Apocalipse sem interrompê-los. Às vezes, faz com a mão um sinal para que abreviem as explicações. Sim, ele compreendeu. Os outros dois prosseguem, aterrorizados com o teor de suas próprias palavras. Tornam-se outra vez, como nos anos 1920, alunos diante do mestre. Com a mesma deferência, levados por uma espécie de esperança de que o homem diante deles detenha a solução, que já tenha resolvido a equação. A única diferença, hoje, é que são os alunos que ensinam ao mestre. O mestre não leu as revistas, o mestre não está absolutamente a par dos progressos de sua ciência. O mestre é ignorante. Mesmo que sejam os frutos de seu trabalho que o inimigo esteja recolhendo. O mestre compreende depressa. O olhar se obscurece diante da negrura das previsões, mas os olhos se iluminam com um brilho que desaparecera há bastante tempo. Longe de levá-lo a um sentimento de resignação, os portadores da notícia parecem revelar um sentimento escondido no coração de Einstein. A vontade de lutar. A sensação de ser útil. Percebe pelo timbre de suas vozes que eles vieram lhe pedir alguma coisa. O tom é tão trêmulo, Einstein tem a intuição de constituir a última esperança deles. Sua última cartada. Compreende no decorrer da conversa, sem que nada ainda lhe tenha sido pedido, que o plano repousa sobre suas próprias costas. O olhar deles o diz, antes que as palavras sejam pronunciadas: o homem não vai frustrar nossas esperanças. Einstein ergue a cabeça. Um pouco de sua dignidade está em vias de passar da boca de seus interlocutores para seus ouvidos. Assim, seu futuro não se limita a navegar sobre um velho barquinho. Interrompe-os finalmente. Abrevia as explicações. Não vai assistir a uma aula de física nuclear dada por seus antigos alunos! Compreendeu o estado dos avanços científicos, as potencialidades da ciência alemã para dar ao Reich o poder atômico. Ele faz uma pergunta: onde os nazistas se abasteceram de urânio? Szilard procede a uma aula de geopolítica. As minas do Congo belga escondem toneladas de minério de urânio. O minério jaz inutilizado, uma parte extraída foi transferida para a Bélgica. Se os nazistas se apoderarem dela, possuirão toneladas de combustível. Os nazistas hesitarão em invadir a Bélgica? Einstein olha para Szilard no fundo dos olhos: o que querem dele? Por que essa viagem? A resposta dispara: Einstein conhece a rainha-mãe. Elisabeth concedeu-lhe sua proteção quando ele vivia em Le Coq-sur-Mer, tocaram violino juntos. Einstein tem de escrever à rainha. Einstein tem a obrigação de se mostrar convincente. Persuadir a rainha de proteger os minérios do Congo, de guardar em segurança os estoques belgas. Einstein reflete durante um breve instante. Estão lhe pedindo para se servir de uma relação de amizade para solicitar um favor político. É isso mesmo? De jeito nenhum! Não! Não? Não. Isso contraria seus princípios morais. Mesmo em meio à tormenta, é preciso saber conservar princípios.

Debatem, tergiversam. Fizeram a viagem para nada? Einstein propõe escrever para o embaixador da Bélgica. O embaixador alertará a rainha. É tudo? O que ele pode propor além disso? Nem sequer é naturalizado americano. Seus dois interlocutores estão pensando que ele tem o poder de mudar o curso da História? Eles mesmos se esqueceram de que são apenas dois judeus húngaros refugiados?

Despedem-se com uma triste constatação. Prometem rever-se rapidamente. Alguns dias mais tarde, Leo Szilard volta à carga acompanhado dessa vez de um outro físico, igualmente húngaro, o futuro Prêmio Nobel Edward Teller. Uma outra ideia germinou, mais louca e audaciosa. Uma carta ao embaixador da Bélgica? A situação é crítica demais. O mesmo que permanecer de braços cruzados e aguardar comportadamente o Apocalipse nuclear. Senhor Einstein, nós fizemos toda esta estrada para lhe pedir... para escrever ao presidente dos Estados Unidos! Roosevelt o aprecia, o admira, recebeu você em 1934, você passou a noite na Casa Branca. Eleanor o tem em alta estima. O presidente vai escutá-lo. É a ele e somente a ele que é preciso se dirigir. A situação é grave demais. Dizem que os alemães estão em pé de guerra na fronteira polonesa. Há rumores de que Von Ribbentrop e Molotov estão em contato próximo. Se Stalin aliar-se a Hitler, o mundo livre será esmagado. Mas... quem levará a carta? Roosevelt abre sua correspondência sozinho? Que funcionário subalterno descolará o envelope? Sobre a mesa de que obscuro ministério a carta aterrissará? Os atomistas húngaros têm uma ideia. Que Einstein assine a carta! Eles se encarregam de fazê-la chegar às mãos corretas. Einstein não reflete, consente. Com uma mão trêmula, Szilard tira da bolsa um rascunho de carta já preparada e a estende ao Nobel. Einstein lê calmamente. Os dois visitantes espreitam o menor piscar de olhos. O olhar permanece impávido, a boca não expira nenhum suspiro. Olhando para ele, os dois permanecem atentos ao movimento de seus lábios. Einstein termina de ler as últimas linhas. Suas mãos colocam a carta sobre a mesa. Seu olhar se fixa sucessivamente no rosto de Szilard, no de Teller. Depois se imobiliza em um ponto no horizonte. Ao longe, o oceano continua calmo e azul da cor do céu. Em seu espírito, a tempestade se avizinha. O que lhe propõem, o que exigem dele? Pedir ao presidente dos Estados Unidos para fabricar a bomba atômica! Nada menos! Ele, o pacifista, o antimilitarista, o homem que teorizou a objeção de consciência, o homem do Manifesto dos Europeus, depois do Manifesto dos 2%, deve suplicar ao presidente Roosevelt que empreenda todos os esforços para conceber a arma que poderá aniquilar a humanidade?

Com certeza, o projeto desses dois húngaros iluminados não tem nenhuma chance de se consumar. Evidentemente, a missiva permanecerá letra morta. Encontrarão a folha dobrada dez anos mais tarde nas gavetas de um adido militar, depois que os nazistas tiverem conquistado a América. Mas e se a coisa for adiante? Se o plano funcionar? Se Roosevelt ler a carta? Se os termos empregados o persuadirem da urgência da situação? Se ele se deixar convencer? Se ele colocar o poderio militar e científico americano a serviço desse projeto? Einstein seria o iniciador da... da máquina de explodir o tempo. Um general batizaria com seu nome a primeira arma nuclear. A bomba Einstein. A bomba E, diriam. Seu nome permaneceria para sempre gravado na História, associado à memória dessa façanha! Ele lutou durante toda a sua existência pela paz, contra o totalitarismo. Sua obra é uma ode ao progresso da Humanidade. E eis o que lhe pedem para assinar: sua danação eterna. Pelo que está sendo punido? Até onde prosseguirá seu calvário?

Um gesto de sua mão, uma simples rubrica no canto de um pedaço de papel, e tudo o que construiu com as próprias mãos, tudo o que seu cérebro elaborou, será aniquilado, eclipsado na noite nuclear. Rubricar essa carta é como assinar a própria condenação à morte.

Voltam-lhe à memória as imagens da Noite de Cristal. Os velhos judeus obrigados a desfilar em cortejos inteiros pelas ruas de Berlim para serem moídos de pancadas. As sinagogas ardendo. Homens apanhando até morrer no meio da rua. E os batalhões de capacete, de botas pretas, desfilando. E os sábios, seus antigos colaboradores em seus laboratórios arianizados, esvaziados de sábios judeus, acelerando as pesquisas. Ele vê a figura de Hitler. Ouve seus propósitos. Ouve o clamor vingativo das multidões. Os braços que se levantam. Os fuzis prontos para atirar. Os aviões deixando rastros no céu. As bombas jogadas em cima das cidades da

Espanha. Ele tem uma última visão: o homem de bigode apertando um botão vermelho. Que importa sua própria notoriedade aos olhos dessa visão de horror!

Einstein faz que sim com a cabeça. Onde sua mão deve assinar? Aqui. Einstein renuncia a seus princípios, à imagem que deixará para a posteridade. Afinal, quem é ele, o que vale a reputação de um homem diante da vida de todos aqueles homens? Que digam que é um traidor de seus princípios! Já falaram tanto. Que lhe ofereçam a paternidade da bomba atômica! Ele já é pai. Então o que representa seu sofrimento aos olhos do sofrimento de seu filho Eduard?

Afinal, ele sempre zombou do que diziam dele. Compreendeu imediatamente, com seu lado visionário, que um dia, no espírito da juventude, ele será a encarnação da máquina da morte. Será o homem que ativou o botão. Ele tinha feito a Terra inteira sonhar com seu espaço-tempo. Com um simples movimento de caneta, vai encarnar o pesadelo da humanidade. Hesita, dando-se um último tempo de reflexão. Revê a imagem de Hitler, com seus imensos batalhões de morte por trás dele, colocando o dedo no botão. Olha para a mão, a caneta entre o polegar e o indicador. Tem a escolha das armas? Hitler prepara-se para declarar a guerra mundial. Einstein vai assinar sua própria declaração.

Nassau Point
Peconic, Long Island
2 de agosto de 1939

F.D. Roosevelt,
Presidente dos Estados Unidos
Casa Branca
Washington, DC

Senhor,
Trabalhos recentes de físicos nucleares tornaram provável a transformação do urânio em uma importante fonte de energia nova. Um trabalho recente de E. Fermi e L. Szilard,

que ainda não foi publicado, mas me foi entregue sob forma manuscrita, deixa claro que, em um futuro próximo, será possível liberar a energia do urânio graças a uma reação em cadeia. Isso abriria a possibilidade não negligenciável, senão a certeza, de se fabricarem bombas que provavelmente seriam pesadas demais para ser transportadas por aviões, mas não pesadas demais para navios; ora, uma bomba dessas, ao explodir em um porto, será muito provavelmente capaz de fazer explodir o porto e toda a região adjacente.

Nessas condições, seria desejável que a administração mantivesse contatos permanentes com o grupo de físicos que está trabalhando neste país com a reação em cadeia. Talvez fosse possível encarregar um cidadão que gozasse de sua confiança de estabelecer e manter os contatos. Tanto quanto eu saiba, a Alemanha proibiu a exportação de minério de urânio, o que pode ser explicado pelo fato de o filho do secretário de Estado Von Weizäcker trabalhar como físico no Instituto Kaiser Wilhelm de Berlim, onde os trabalhos americanos sobre o urânio vêm sendo examinados atualmente.

Os Estados Unidos dispõem apenas de minérios de urânio muito pobres, e a principal fonte de urânio está localizada no Congo Belga.

Atenciosamente
A. EINSTEIN[1]

Einstein apõe sua assinatura no final do original da carta. Durante dias, cada palavra foi cuidadosamente pesada, lida e relida. Duas notas acompanham a carta: uma pretende ser um resumo técnico sobre energia nuclear e suas possibilidades militares; a outra, uma explicação da situação geopolítica no que diz respeito às minas de urânio.

Em 2 de agosto de 1939, Albert Einstein assina a carta para o presidente Roosevelt.

Em 1 de setembro de 1939, às cinco horas, sem declaração de guerra, Hitler invade a Polônia.

O "Projeto Manhattan"

A carta que supostamente transformaria o destino do mundo, que convenceria Roosevelt a entrar na corrida nuclear, é objeto de inacreditáveis peripécias. O encaminhamento da missiva, da mão do sábio à do presidente, chamado a colocar em movimento uma máquina militar-industrial de amplitude inédita, é uma verdadeira aventura. Como os dois cientistas húngaros não têm nenhum acesso à Casa Branca, ela é confiada primeiro a um intermediário, um homem de negócios influente chamado Alexander Sachs, que entende de economia e é ouvido por Roosevelt desde a época do New Deal. Sachs tem um encontro com o presidente. Einstein com a História. Contudo, nesse final do ano de 1939, o encadeamento dos acontecimentos internacionais é tamanho que a audiência é permanentemente adiada. Em 3 de setembro, a França e a Inglaterra declaram guerra à Alemanha para honrar sua aliança com a Polônia atacada. As tropas inglesas transportadas por via aérea que deviam prestar ajuda a Varsóvia ainda não haviam embarcado quando a *Panzerdivision*, esmagando tudo à sua passagem, já estava em Varsóvia. Nos campos poloneses, a cavalaria luta contra o assalto dos tanques! Na manhã do dia 9 de setembro, a capital polonesa descobre-se sitiada. No dia 17 de setembro, de acordo com o pacto germânico-soviético, o Exército Vermelho penetra na Polônia oriental. No dia 28, a Polônia é desmembrada e dividida entre a Alemanha e a URSS. Dantzig é anexada. A bandeira nazista flutua sobre Varsóvia. O martelar das botas faz tremer os muros devastados da cidade. O reinado do terror está em marcha. O torniquete fechou-se em torno dos três milhões e meio de judeus poloneses cuja maior parte será exterminada.

Sachs aguarda na antessala da Casa Branca. Szilard e Einstein, exasperados, pensam em outro intermediário. Um nome lhes vem à cabeça, o de Charles Lindbergh. Einstein já esteve com o célebre aviador. Einstein chega a escrever a Lindbergh. Lindbergh jamais responderá. Em 11 de setembro, o homem lança um apelo retransmitido através do país inteiro para que os Estados Unidos mantenham-se afastados da guerra.* Em sua alocução, Lindbergh, cuja simpatia pelo regime nazista era conhecida**, denuncia, sem dar nomes, a influência dos judeus nas mídias e faz um apelo para que se desconfie dos belicistas. Último esclarecimento: Roosevelt detestava Lindbergh... Nossos dois gênios da ciência são políticos bem medíocres.

O encontro com Sachs acabará acontecendo. Quarta-feira, dia 11 de outubro, no Salão Oval. Sachs atravessa o hall com passos lentos. Um soldado abre a porta para ele. Sachs avança para o presidente, segurando a carta contra o peito. Está extremamente pálido, consciente de que não terá uma segunda chance, um segundo encontro. Nesse local, a História põe-se em movimento no ritmo do passo do homem. O desfecho da guerra está sendo decidido aqui. Sachs troca algumas fórmulas usuais com o presidente afável, porém mais tenso do que habitualmente. Um terrível fardo pesa sobre os ombros do chefe de Estado. De sua escolha entre o isolacionismo e a entrada em guerra depende a sorte do mundo. Uma forma de civilização talvez. A vida de milhões de seres repousa apenas sobre sua decisão. Jovens soldados americanos cujos pais já deram seu sangue pela Europa. Populações da Europa sob o jugo da barbárie. No instante de cruzar o olhar do homem que veio visitá-lo, é provável que o presidente tenha se perguntado por que razão, nesses tempos fatídicos, aceitara um encontro desses. Sachs está consciente da importância de sua missão. Cada segundo fará diferença. Cada palavra será determinante. Se for embora sem ter sido persuasivo, seu nome ficará na História como aquele que permitiu a Hitler ter a bomba atômica.

---

* Em 1941, ele se tornará membro do America First Committee, uma organização que se opõe à entrada voluntária dos Estados Unidos na guerra.

** Durante sua estadia na Europa, em 1938, Hermann Goering ofereceu-lhe a medalha de honra alemã. Ele jamais a devolverá.

Ele interrompe as mundanidades e começa, com uma voz insegura, a ler a carta.

Sim, o homem, nem embaixador nem conselheiro de Estado, lê em voz alta, diante do presidente dos Estados Unidos, um texto que a mais elementar cortesia exigiria que fosse entregue. Ele lê. Quer ter certeza de que Roosevelt teve aquelas palavras na cabeça. Ele lê, morrendo de medo, correndo o risco de ser posto para fora. Deve-se ler para o presidente uma carta que deveria ser entregue a ele? Roosevelt ouve. Primeiro com o espírito em outro lugar e depois repentinamente cativo daquelas frases trêmulas. Roosevelt olha fixamente para o homem. Roosevelt parece captar o que está em jogo. Roosevelt compreendeu em alguns segundos. O avanço dos trabalhos alemães. O estoque de urânio armazenado na Bélgica ao alcance do fuzil de um soldado alemão. O poder da arma em questão.

Ao terminar a leitura, suando, com a garganta seca, Sachs entregou a carta e seus dois apêndices a Roosevelt, que a colocou em cima da mesa sem dar uma palavra. Depois o presidente lançou um olhar ao mesmo tempo solene e amistoso a Sachs. "Alex", disse, "o que você quer impedir é que os nazistas nos enviem todos para o céu?" Sachs fez um sim tímido. "Para tudo isso se precisa agir", concluiu Roosevelt.

O "Projeto Manhattan" nasceu – mesmo que não venha a ter esse nome e que só entre em operação mais tarde, em 6 de dezembro de 1941.

Einstein e Szilard ouvem em um silêncio solene, atento, impaciente, o relato de Sachs sobre a entrevista com Roosevelt. A reação de Roosevelt à conclusão da carta deixa-os eufóricos. A compreensão tão rápida, tão tangível das questões envolvidas os tranquiliza. Quando Sachs relata a chegada de um ajudante de ordens, a quem Roosevelt dá as primeiras indicações, eles aplaudem. O presidente fez recomendações. Planos foram elaborados. Szilard e Einstein exultam. Eles conseguiram. Acreditam ter salvo a humanidade.

Vão rapidamente perder as ilusões. Alimentavam a fantasia de que um exército de cientistas se colocaria em ordem de batalha em todas as instituições americanas. Imaginavam manás financeiros sendo imediatamente postos à disposição dos laboratórios. Os nêutrons dentro em breve encontrariam os alvos. O poder de fogo americano, com a arma absoluta, faria refluir as forças do Mal. Já anteviam, os dois loucos, os tanques recuando, a Wermacht retrocedendo, Hitler refugiando-se em um bunker. O triunfo da Liberdade. Enganavam-se redondamente.

Formam-se três comissões. Szilard, Teller e Wigner participam delas. Dez laboratórios são postos à disposição. Investem-se alguns milhares de dólares. Os húngaros ficam rapidamente assombrados. Ao mesmo tempo, o progresso dos resultados no Instituto Wilhelm chega até eles. A consternação os toma. Roosevelt estava brincando com eles? Estaria sendo mal-aconselhado? A administração isolacionista estaria colocando um freio em suas ambições? A continuar nesse ritmo, com esses meios insuficientes, melhor se resignar à derrota, lançar-se na construção de abrigos atômicos.

Em março de 1940, diante da incúria da administração, o trio de húngaros volta a Einstein. Szilard está de volta no instituto. Ele se encontrará com aquele a quem apelidaram de "eremita de Princeton". Depois da exaltante desventura do verão, o Nobel retomou sua existência pacata. Ele habita esse mundo singular. O espírito ora atravessado por fulgurâncias científicas que não se concluem, ora corroído de preocupação pela sorte dos seus, ou habitado por angústias sobre a sorte do mundo. Einstein hiberna no seu passado. Às vezes, um jornalista vem ainda lhe fazer perguntas. Ele repete incansavelmente a mesma litania. Não, ele não é mais um militante da paz a qualquer preço. Sim, é preciso que a América vá socorrer o velho mundo. Esse velho mundo que exala seu último suspiro. Seu velho coração, esgotado, bate no ritmo das marchas fúnebres. Não, ele não é e nunca foi comunista. Durante seus combates políticos, durante a guerra da Espanha, houve simpatizantes que desfraldaram a bandeira vermelha. Sua guerra era a deles, mas sempre abominou o stalinismo. Todas as ditaduras o repugnam. Tudo o que diz respeito à dignidade humana comove sua alma de homem.

Ele retomou seus longos passeios solitários pelo parque. Vai festejar 61 anos. Festejar? Por que festejar a passagem do tempo? Os dedos entorpecidos, os cabelos ficando brancos, o espírito que se desacelera. Fazer uma festa sim, entoando uma dança com os fantasmas do passado. Sessenta e um anos. Ele se dá conta, nunca tinha pensado nisso, de que agora é mais velho do que o pai ao morrer. Hermann partiu tão cedo, com 55 anos. Não teve tempo de ver o que o filho se tornou. E alguma vez Hermann se preocupou com as trombetas da fama? Para ele, só importava viver os sonhos. Pensa no sorriso do pai. Revê o pai fazendo palhaçadas. Pensa nas empresas que ele fundava, cheio de empolgação, convencido do sucesso delas: ele, Hermann Einstein, seria mais forte do que a Siemens e iluminaria as calçadas de Munique! Os postes apagaram-se. As calçadas de Munique? O vidro quebrado das vitrines das lojas judias está hoje espalhado pelo chão... A despreocupação paterna? Um grão dessa louca despreocupação lhe foi transmitido? E dessa fleuma paterna, indolente e calma, seus lábios guardam o gosto? O sorriso permanente no rosto, que só raramente consegue abandonar, que para ele é como uma máscara, ele herdou do pai que, como ele, exibia sempre um indefectível sorriso...

Interrompe o devaneio e volta sobre seus passos. Atende um Szilard muito insistente ao telefone. Trata-se dos prosseguimentos a dar à carta. A carta? Ele não fez o necessário? Fica contente em rever Szilard, mesmo pressentindo que a visita não será de simples cortesia. Szilard é portador de más notícias. Contudo, o encontro significa que Einstein ainda pode ser de alguma utilidade. Ele não foi associado às pesquisas balbuciantes sobre a arma atômica, ele, o inventor da Fórmula! Mesmo assim, não se sente preterido. Afinal, ainda não é americano. Algumas pessoas continuam pensando que ele é um agente soviético. É estrangeiro nesse país onde reside há sete anos. E sobretudo tem consciência de seus limites. Não está mais no nível de seus colegas, de seus antigos alunos, no plano da física nuclear. Ele seria um estorvo. O orgulho (a emoção) ante a ideia de que sua carta tenha podido desencadear uma certa reação da América é para ele satisfação suficiente.

O homem que entra na sala do número 112 da Mercure Street exibe a mesma agitação que na ocasião de seu encontro no verão de 1939. Uma mistura de abatimento e sentimento de revolta acelera o fluxo de suas palavras, destorce seu rosto com trejeitos. Dessa vez, ele não se perde em circunlóquios geopolíticos. Nenhuma aula de física nuclear. Szilard não acena com nenhuma esperança de vitórias asseguradas, de combates vitais. Ele vai aos fatos. Desde a entrevista de Sachs com Roosevelt, nada foi feito. Nenhum orçamento privilegiado. Nenhuma estrutura séria posta em funcionamento. A carta não serviu para nada. É preciso recomeçar. Enfiar o prego até fazer cair o muro de indiferença e letargia. Szilard pede ajuda. Einstein precisa voltar à carga. É preciso alertar o presidente outra vez. É a última chance.

A última chance... Einstein conhece a ladainha. O número 112 da Mercure Street é a casa dos choros. Às vezes, Einstein tem o sentimento de que a abertura de sua caixa de correspondência é tida como a porta do paraíso. Consideram-no um Messias.

Szilard não para de falar. Ele já tem um plano. Veio apenas buscar um acordo de princípio e uma assinatura. Eis ao que Einstein foi reduzido. Antigamente, sua mão retranscrevia doutas fórmulas. Hoje, ela é uma máquina de assinar petições e missivas.

Desta vez, Szilard quer usar um estratagema amarrado grosseiramente. Einstein dirigirá sua carta a Alexander Sachs. A correspondência, alarmista, descreverá uma situação preocupante: a ausência de progresso das pesquisas americanas diante dos avanços alemães. Versará sobre um fosso em vias de se aprofundar. Um fosso grande como uma tumba. Depois disso, Sachs irá informar sua preocupação ao presidente.

Einstein assina a carta já pronta. Szilard e ele trocam algumas opiniões sobre a situação. Despedem-se na escada. Einstein faz um gesto de adeus com a mão a Szilard, que não se volta. Szilard já está em outro lugar, com o espírito às portas da Casa Branca. Einstein volta para dentro de casa. Um furacão passou. Conservará seu poder até alcançar o centro do Salão Oval?

Os resultados ultrapassam as esperanças de Szilard. Em meados de março, a carta está nas mãos de Roosevelt. O presidente mostra-se bastante receptivo às preocupações emitidas por Sachs e Einstein. É provável, ao contrário do ano anterior, que ele já tivesse tomado a decisão de entrar na guerra. Roosevelt fareja o fim do recreio. Ordena que se ponham em ação todos os meios possíveis. Ele supervisionará pessoalmente as coisas. Parece ter feito a avaliação do atraso. Manda reorganizar a comissão do urânio, encarregada de cuidar do avanço das pesquisas. O presidente promulga o estado de urgência nuclear. Os fatos se seguirão, os fundos também. O "Projeto Manhattan" foi ressuscitado.

Einstein, dessa vez convidado a participar das reuniões da comissão do urânio, declina o convite. Nunca apreciou as comissões. Nunca se mostrou muito assíduo a elas. O entusiasmo recuperado de Szilard basta-lhe nesse momento. Ele é habitado por outras preocupações.

No dia 22 de junho de 1940, Einstein é convidado a comparecer diante do juiz. Ei-lo diante da justiça federal de Trenton.

Mesmo assim, tem a aparência radiante. Responde às perguntas calmamente, leva um tempo refletindo. Sorri diante do homem de preto. O instante é da maior importância.

No final do interrogatório, o juiz o cumprimenta. Ele respondeu bem aos testes de integração. Ganhou a cidadania americana. Na entrevista que se seguirá e que será transmitida pelo rádio, Einstein fala sobre a alegria de se tornar cidadão americano. Tem um pensamento emocionado para os que são prisioneiros no Velho Continente.

A cerimônia oficial acontecerá no dia 1º de outubro de 1940. Tinham de vê-lo prestando juramento, vestido como raramente se viu, de terno e colete cinzentos impecavelmente passados! Usando uma gravata sob o colete. O nó foi dado com perfeição. O topete rebelde foi penteado para o lado. Nos olhos, nenhuma centelha de malícia, nenhuma marca de exaltação. Nenhum traço de tristeza também. Seu olhar é sério, prudente e compenetrado. Está ereto, com a mão direita impecavelmente erguida. Não pode exibir sua alegria – muitos de seus próximos faltam à chamada –, mas percebe-se que está aliviado. Talvez surpreso por estar ali, por ter chegado aonde chegou. O único sinal de que continua exatamente o mesmo é ter se enganado na escolha do botão de fechar o paletó... À sua direita, Margot, a enteada; à esquerda, a fiel Helen Dukas. Atrás dele, outras mãos levantadas. Outros rostos graves. Algumas dezenas de homens e mulheres que, assim como ele, hoje conseguiram transpor as fronteiras, ultrapassar os obstáculos para se verem de posse do precioso documento. A vida salva.

Ele é cidadão americano. Nem por isso deixa de responder aos apelos desesperados que recebe, esforçando-se para ajudar as almas perdidas sob a ameaça da Gestapo, multiplicando os apoios à entrada da América na guerra. Ele gostaria de fazer ainda mais. Sabe que seus conhecimentos científicos podem servir. Não pretende ficar de braços cruzados.

Quer participar. Contudo, Einstein é deixado na ignorância do "Projeto Manhattan". É a inacreditável realidade. Apesar da opinião amplamente difundida, Einstein nunca soube de nada, Einstein não participou da construção da bomba A. A verdadeira razão para ter sido mantido afastado? Continuava sendo considerado um agente soviético.

     O que faz Einstein, enquanto todos os seus colaboradores se esforçam para descobrir a finalidade de um projeto que ele mesmo iniciou? Ninguém propôs ao "eremita de Princeton" ir se enterrar em Los Alamos com Oppenheimer, Szilard e Wigner. Ninguém lhe pediu para trabalhar na Universidade de Columbia ou em Berkeley ao lado de Bohr ou de Fermi. Einstein trabalha... para a Marinha. Einstein tenta melhorar o funcionamento... de radares, de sonares. Einstein inventa modelos de torpedos que jamais verão o dia. Einstein nada sabe do que está sendo feito em Los Alamos. Einstein ignora praticamente tudo sobre o avanço do "Projeto Manhattan". Desconfiam de Einstein. Einstein está sob vigilância. Mesmo sendo um velho, e cidadão americano, continua suspeito de ser traidor. O homem que o segue secretamente se chama J. Edgar Hoover. Para o muito jovem chefe do FBI, Einstein é um "vermelho". Hoover tem a convicção de que o Nobel é um agente soviético. Einstein não foi um pacifista convicto, não esteve próximo dos socialistas durante boa parte de sua existência? O sábio sempre se recusou a condenar a URSS. E se pronunciou algumas palavras contra Stalin, antes de 1940, foi provavelmente para agradar à administração antes de obter a naturalização. Einstein é comunista. Tudo, no seu pensamento filosófico e nos seus escritos, torna-o suspeito aos olhos de Hoover. Não foi ouvido em 1943, durante uma recepção de que era o convidado de honra, fazendo apologia à União Soviética? Hoover escreveu uma série de recomendações para que Einstein fosse afastado do "Projeto Manhattan". Einstein não terá nenhuma atuação na fabricação da bomba americana. Fora duas correspondências e uma equação enunciada 35 anos antes.

Numa corrida em que a colaboração dos cérebros é fundamental, em que a genialidade de cada um pode fazer a diferença, a inteligência do homem que enunciou a fórmula básica da energia nuclear é utilizada para melhorar sonares, para experimentar novos torpedos. Einstein na Marinha...

No entanto, em outro lugar, há gente trabalhando.

O "Projeto Manhattan" é um imenso canteiro e nele tudo o que a América dispõe em matéria de sábios está dando sua contribuição. Um canteiro gigantesco, à escala de um continente, cujos prédios são laboratórios secretos, por vezes escondidos nos subsolos de alguma universidade, cujo epicentro foi estabelecido no deserto, em Los Alamos. De 6 de setembro de 1941 – véspera de Pearl Harbor! – quando o projeto estava sobre os trilhos, até 6 de agosto de 1945, data do lançamento sobre Hiroshima da primeira bomba atômica, 250 mil pessoas serão mobilizadas em quarenta unidades diferentes. Dois bilhões de dólares serão gastos na pesquisa e na fabricação da bomba. Ou seja, a metade da totalidade do Programa Apolo, mas consumidos em um período duas vezes menor...

O general Leslie Groves está à frente do projeto, assistido pelo engenheiro Vannevar Bush.

Robert J. Oppenheimer assume a direção científica.

A partir do verão de 1941, data em que os americanos entram na guerra, tudo se acelera. Os pesquisadores se lançam em uma corrida desenfreada contra seus homólogos alemães. Bohr, emigrado para os Estados Unidos depois de ser salvo por um triz e em circunstâncias rocambolescas da mão dos nazistas, descobre a capacidade de fissão do urânio 235, uma das mais raras variedades de urânio. Pouco tempo depois, a desintegração do urânio permitirá a descoberta do plutônio, matéria-prima ainda mais pesada, de poderes ainda mais fortes.

Em dezembro de 1942, o italiano exilado Fermi constrói a primeira "pilha atômica". Consegue-se produzir energia nuclear, em quantidade desprezível, é certo, mas um estágio foi ultrapassado – e importante.

No Tennessee, no Estado de Washington, são construídos gigantescos centros industriais destinados à produção de urânio enriquecido e à extração de plutônio. Em Los Alamos, no Novo México, uma cidade emerge das areias do deserto. Os melhores sábios passam a morar ali em absoluto segredo. São milhares a viver no local com suas famílias. Residirão ali por três anos.

O lugar é posto sob a vigilância de centenas de militares. Em um outro local, há matemáticos teorizando o que os físicos deverão colocar em prática.

Cada um dos membros desse projeto faraônico fez o juramento de guardar segredo. Tudo é cuidadosamente compartimentado. Os pesquisadores de um laboratório são deixados na ignorância dos avanços do laboratório vizinho. Só Oppenheimer, em Los Alamos, e Bush e Groves, que dirigem o projeto em Washington, têm uma visão de conjunto e um conhecimento preciso das pesquisas.

De mês em mês, as pesquisas avançam no caminho da bomba. As notícias da Europa trazem seu lote de dramas e tragédias humanas. E ainda se ignora o essencial. Os soldados não abriram nenhuma das portas dos campos de extermínio. O inimaginável permanece no domínio do desconhecido.

Einstein dá o melhor de si. Contudo, se as pessoas começam a se indignar com mais firmeza com a sorte reservada às populações judias, alegram-se, por outro lado, com a sucessão de vitórias dos exércitos aliados. Pressentem que a vitória é finalmente possível, que o fim se aproxima.

Os alemães vão agora de derrota em derrota. Finda a época do Reich triunfante. Os mais inquietos, os que estão a par dos desaparecimentos das populações, os que leem entre os comunicados, os que sabem da feroz determinação dos nazistas de executar seu plano de extermínio dos judeus da Europa, vivem na angústia. Os mais bem-informados se desesperam: é claro que se vai vencer a Alemanha, é claro que as tropas aliadas e o Exército Vermelho vão se juntar, mas, no ritmo que os nazistas estão dizimando os guetos, será que ainda vai sobrar algum judeu vivo sobre a Terra? Ou a destruição dos judeus da Europa vai se consumar?

São eles que vão alertar Roosevelt. Ainda se trata de bomba. Só que agora ela nada tem de nuclear. É preciso bombardear Auschwitz! Os bombardeiros anglo-americanos têm como alvo as indústrias vizinhas. Eles tiram fotografias, vê-se claramente o alinhamento dos acampamentos. Alguns distinguem uma estranha fumaça negra elevando-se para o céu. Mas Auschwitz não será bombardeado. O exército tem outras urgências. Vão deixar até o último dia da guerra os trens lotados de centenas de milhares de judeus húngaros despejarem sua carga humana no campo da morte. Antes da derrota anunciada, Hitler se apressa para terminar o trabalho de aniquilamento. Os Aliados, por sua vez, fazem uma cruz sobre o maior cemitério da humanidade. Suas prioridades estão em outra lugar.

Já os pesquisadores nutrem outras apreensões. Têm consciência de que estão prestes a conseguir. Fabricarão a bomba dentro de um mês, dentro de um ano. Compreendem que vão colocar à disposição do poder militar, poder que os cerca de tanta atenção, a arma absoluta. O poder absoluto. É claro, continuam temendo que Hitler, à beira do declínio, faça todo o possível para finalmente possuir essa arma. Sabe-se que Heisenberg prossegue com afinco suas pesquisas. Que a Wehrmacht o instiga a acelerar os trabalhos, a fornecer o fogo que varrerá as tropas aliadas sob a borrasca nuclear. Os sábios sob as botas dos nazistas não inventaram nos seus laboratórios os mísseis V1 e V2, esses aviões-foguete que cortam o céu de Londres semeando o terror desde junho de

1944? Os físicos alemães não construíram o primeiro avião à reação, o Messerschmitt 262, capaz de devolver o domínio dos ares aos nazistas em setembro de 1944?

Porém, com o passar das semanas, as notícias do front, inclusive as mais pessimistas, garantem a certeza da derrota alemã.

Sim, Einstein e Szilard veem despontar no horizonte sinais de vitória.

A Alemanha será derrotada.

Mas se Hitler vai ser derrotado, para que serve a bomba atômica?

Os meses se passam. Final de 1944. Nenhuma explosão radioativa botou fogo na Europa. Os nazistas não possuem a bomba. Não a utilizariam, caso a possuíssem? Teriam algum remorso em riscar do mapa Londres e Moscou? Os nazistas não têm a bomba. A catástrofe absoluta foi evitada. Por que então voltar a esse pesadelo de era nuclear? O objetivo era andar mais depressa do que a máquina de guerra nazista, não era precipitar a humanidade em um mundo de terror. Hitler e seu programa de aniquilação dos judeus, de escravidão das massas, era a encarnação do Mal absoluto. Contra o Mal absoluto, a arma absoluta. Se Berlim capitula, é preciso bater em retirada. Renunciar à arma de destruição total. Nenhuma espada de Dâmocles precisa ficar suspensa em cima de um mundo novamente livre.

Hitler está recuando em todos os fronts, vamos dar marcha à ré! Vamos deter a mecânica nuclear.

Uma vez vencida a barbárie, o mundo recuperará suas convenções. Precisa-se de armas convencionais.

Einstein e Szilard sempre foram uns sonhadores. Homens guiados exclusivamente pela fé no progresso. Eles consentiram, com a morte na alma, na lei do mal menor. Acreditam que tudo é possível, que nada é irreversível. Estão persuadidos, esses sábios meio loucos, de que as administrações são máquinas que podem ser conduzidas à vontade.

Estão convencidos disso, os dois sonhadores: se houve força para movimentar a Terra inteira em proveito de um projeto, a mesma força está disponível para dar marcha à ré. A equação é simples. Pura física. Tudo é uma questão de espírito de persuasão, de força de convicção. Basta estar do lado certo. Aceitar, indicar o caminho da razão.

Não duvidam nem por um instante de que o exército americano, que tanto gastou para se dotar da arma suprema, vá agora destruir a arma. Para garantir a seus sábios uma paz eterna, o sono tranquilo dos inocentes. Por suas boas consciências. Nenhum sentimento de culpa deve pesar sobre eles. Que suas vontades sejam feitas. Quem eles pensam que são, portanto, esses exilados, esses fujões que ficam dando lições? Primeiro arrastar a América para a guerra e em seguida, uma vez a guerra prestes a ser ganha, uma vez a arma absoluta nas mãos do vencedor, eles querem simplesmente parar com tudo. Tirar a arma da mão dos vencedores! Convenhamos!

Em dezembro de 1944, Otto Stern faz uma visita a Einstein. Os dois físicos são amigos de longa data. O mais célebre ignora praticamente tudo a respeito dos avanços do "Projeto Manhattan". O outro, obrigado ao segredo de defesa, vive apavorado com a chegada da era nuclear, esse acontecimento que ele pressente próximo. Com meias palavras, Stern vai colocar Einstein no círculo dos iniciados.

Otto Stern deixa Einstein aterrado, perseguido pelo espectro do fim dos tempos. Esse espectro tem um nome, o de Einstein. O Nobel sente-se culpado. A letra é ele. O "Projeto Manhattan" dentro em breve poderá ser rebatizado de "Projeto Einstein".

Ele é o homem para quem o pior vai acontecer.

Via-se como o matador do Terror Marrom, mas na verdade é o Cavaleiro do Apocalipse.

Contudo, mais uma vez, o abatimento cede a vez à determinação. Em seu espírito, delineia-se a figura dos homens junto aos quais ele poderia intervir. Ele pode deter a mecânica. Está nas leis da física: o que se fez também se pode desfazer. Roosevelt? Ainda é muito cedo, é preciso provas. Oppenheimer? Não o conhece suficientemente. E depois, vai saber onde se esconde Oppenheimer... Não tem notícias do jovem pesquisador há dez anos. Szilard, não, não Szilard. Está farto das impetuosidades de Szilard. Szilard vai dar um pontapé no formigueiro. É preciso alguém razoável, reconhecidamente sábio. Um nome lhe vem à cabeça como uma evidência. O homem da situação é Bohr. Bohr, estimado pelo poder. Bohr, que foram salvar das garras dos nazistas até na Dinamarca, correndo todos os riscos. De tanto que sua presença na América era indispensável. De tanto que era impensável deixá-lo nas mãos dos alemães. Bohr, de quem ninguém poderá suspeitar. É preciso apelar para Bohr.

Einstein pega a caneta na mesma hora. Escreve uma carta alarmante a seu amigo. Explica que está a par da situação, que conhece o avanço das pesquisas, que sabe o que deveria ignorar. Está pouco ligando para o fato de ter sido mantido afastado. De que tenham desconfiado dele. Ele não pode deixar que continuem com os trabalhos, é preciso parar essa loucura. Ele mesmo a iniciou. Vai alertar as autoridades sobre os perigos incorridos. Vai falar à imprensa. Não se transformará em cúmplice dessa aventura desumana. Assina e sela o envelope. E então se dá conta de que não sabe onde Bohr está.

Como todos os que vieram bater em sua porta, ele tem endereço ignorado. Estaria escondido no deserto com Oppenheimer? Envia sua correspondência para a embaixada da Dinamarca em Washington. Ignora que Bohr esteja trabalhando na clandestinidade, que tenha precisado mudar de nome. Bohr é uma peça-chave do edifício "Manhattan", uma das mais preciosas.

Uma manhã, semanas mais tarde, Bohr desembarca no número 112 da Mercer Street. Chega furioso por Einstein ter se dirigido a ele. Indignado com o fato de seu amigo ter pensado que ele, Niels Bohr, ajudaria o mundo a ir para a catástrofe. Depois de extravasar a raiva – na realidade inteiramente fingida –, ele escuta a súplica de Einstein. De tempos em tempos, aprova com um movimento de cabeça. Depois põe a mão sobre a mão do amigo e olha-o diretamente nos olhos. Garante-lhe que seus medos não têm fundamento. Assegura-lhe que jamais se permitirá cometer o irreparável. Vai embora caloroso, conciliador, calmo. Deixa Einstein mais tranquilizado, reconfortado. O "eremita" observa pela janela envidraçada o carro que segue pela alameda na direção da estrada. Depois veste um casaco e sai para o jardim para fazer uma breve caminhada pelo gramado. Respirar o ar fresco, revigorante, desse dia de inverno bastante suave. Volta para casa rapidamente. Sente-se bem. Teve medo sem razão.

Bohr escreve para o general Groves. Bohr escreve para o presidente Roosevelt. O prudente Bohr está aterrorizado ao máximo. Evidentemente, o velho eremita tem razão! Será necessário apelar para tudo a fim de fazer parar a louca máquina. Bohr caminha em círculo enquanto aguarda uma resposta. A Casa Branca recusa-lhe uma entrevista. O Salão Oval tem outras urgências para ficar se preocupando com as questões de consciência dos cientistas. As semanas passam, o "Projeto Manhattan" prossegue. Bohr está sozinho diante do muro e se choca contra o muro que está sendo edificado. Em maio de 1944, Bohr consegue uma entrevista com... Winston Churchill.

Churchill está às vésperas do desembarque. A maior operação militar já organizada na História. À sua frente, um homem luta para lhe explicar que é preciso parar o "Projeto Manhattan". Sim, a moral impõe que se proíba a posse da arma mais poderosa. Churchill só tem em mente a vida das centenas de milhares de homens que, sobre balsas de guerra, ele vai enviar às praias normandas para serem alvejados como coelhos. E um sábio vem lhe dar lição de moral! Falar-lhe de uma arma que nem sequer existe! Pior, o homem que vem lhe tomar tempo gostaria que o segredo fosse compartilhado com os futuros inimigos. Sim, ele ouviu perfeitamente! Esse Bohr quer que se dê a bomba aos soviéticos, com o pretexto de abrir caminho para um mundo novo, todo em equilíbrio.

Esse homem é maluco, que o façam sair! Churchill torna a se sentar à mesa, dá uma baforada do charuto. Seria muito bom prendê-lo, esse desequilibrado, antes que ele vá entregar documentos aos soviéticos!

Mas seu olhar é atraído para o gigantesco mapa aberto sobre sua mesa, para um dos círculos vermelhos em volta de pontos negros. "Omaha Beach". Dá uma nova aspirada no charuto, esvazia o copo de scotch e torna a mergulhar no mapa.

Um ano e milhões de mortos mais tarde. No dia 6 de maio de 1945, em um bunker no coração de uma cidade em ruínas, um homem de quem mal se conhece o rosto, de traços deformados pelos acessos de demência, suicida-se com sua mulher. Dois dias mais tarde, o armistício é assinado. A Alemanha perdeu a guerra. Após doze anos de reinado triunfante, o Terceiro Reich desmoronou. Os Aliados ganharam.

O mundo livre é vitorioso?

Não, o Japão resiste ainda. Aviões atiram-se a pique sobre navios americanos. "Kamikazes" transformam os navios da Navy em cemitérios de fogo. Nas ilhas, a resistência é feroz. Milhares de soldados americanos caem a cada semana.

Em 8 de maio de 1945, a Alemanha já se curvou. Mas o Japão jamais se renderá.

Os sábios pacifistas não se confessam vencidos. Não se deve lançar a bomba! Estão acabando de montá-la em Los Alamos. A arma atômica estará pronta dentro em breve, é apenas uma questão de semanas. Szilard, embora um dos principais artesãos da bomba, está em plena efervescência desde o começo do ano de 1945. Tem consciência das devastações que a bomba fará. Como Bohr, alertou Groves em vão. Em março, quando a vitória sobre os nazistas está assegurada, ele continua a lutar.

Szilard convencera Roosevelt a fazer a bomba. Acha que pode persuadi-lo a não lançá-la. Ele precisa simplesmente, mais uma vez, da ajuda de Einstein. Vai ver o "eremita de Princeton", solicita sua ajuda. Exige uma terceira carta ao presidente, dessa vez para dissuadi-lo de utilizar a bomba. Einstein aceita. Outra vez, sempre.

A carta chega ao Salão Oval no início de abril de 1945.

Porém, Roosevelt encontra-se no leito de morte.

Harry Truman, o vice-presidente, presentemente no comando, jamais a terá nas mãos. De resto, ele sabe quem é Szilard?

Em compensação, Truman entende depressa. Sabe que dispõe de uma arma de poder inacreditável. Uma arma feita para ganhar as guerras sem perder homens.

Uma arma que poupará a vida de centenas de milhares de Marines que ainda estão em luta contra a feroz resistência japonesa.

A carta cai nas mãos de Byrnes, o secretário de Estado americano. Byrnes aceita o pedido de Einstein para que receba Szilard. Ao sair da entrevista, é como se nada tivesse se passado. Byrnes, assim como o general Groves, não compreende as inquietações do sábio, as quais ele põe na conta de alguma extravagância de cientista.

Da mesma maneira que Bohr e Einstein, Szilard propõe o projeto louco já exposto a Churchill: compartilhar o segredo da bomba com a URSS! Preparar o caminho para um próximo governo mundial. Brincar com o equilíbrio do terror. O cientista assegura a seu interlocutor estupefato que a supremacia atômica americana não vai durar. Será preferível compartilhar a bomba com os soviéticos.

O secretário de Estado observa o homem diante dele. As propostas de Szilard parecem-lhe tão alucinadas que Byrnes se faz a pergunta: esse sábio é louco ou está a soldo dos "vermelhos"? Ele e seus acólitos não seriam capazes de entregar aos russos os planos da bomba A?

Desde 1943, Robert Oppenheimer, o próprio chefe do programa de Los Alamos, já está sob vigilância. J. Edgar Hoover segue o sábio de perto. Seus menores gestos são espionados. As contas serão saldadas mais tarde...

Dia 16 de julho de 1945, cinco e meia da manhã, Alamogordo, povoação perdida no meio do Novo México, a cerca de cinquenta quilômetros de Los Alamos. Uma gigantesca nuvem de chamas eleva-se no céu, fazendo a terra tremer. Um vento terrível sopra no deserto, desencadeia uma tempestade de areia. A primeira bomba atômica explodiu. A detonação do engenho denominado Trinity – gêmeo do lançado em Nagasaki – faz um Oppenheimer incrédulo, crispado e ao mesmo tempo fascinado pelo inacreditável cogumelo de luz dizer: "Agora eu me tornei um companheiro da morte, um destruidor de mundos". Essas palavras foram tiradas de um texto antigo sobre o Apocalipse.*

"Little Boy" e "Fat Man" estão de partida para o local onde um bombardeiro os embarcará no seu bagageiro.

A cidade de Hiroshima, o subúrbio de Nagasaki ainda dormem.

Dia 6 de agosto de 1945, seis e meia da manhã, Hiroshima, Japão. Ao levantar a cabeça para o alto, os garotos a caminho da escola conseguem divisar ao longe um avião aproximando-se lentamente no azul do céu.

---

* "A irradiação de um milhão de Sóis/Explodindo de uma só vez no céu./ Assim seria o esplendor do Todo-Poderoso/Agora eu me tornei um companheiro da morte, um destruidor de mundos": palavras atribuídas a Krishna, divindade importante da Índia, no *Mahabharata*, um dos livros sagrados da tradição hinduísta.

Dia 6 de agosto de 1945, cinco horas da tarde, Saranac Lake, em Adirondack, Estados Unidos. Albert Einstein descansa em sua residência de férias. "Oh, meu Deus!", exclama ao saber, pela boca de Helen Dukas, a terrível notícia: 150 mil mortos, oitenta mil casas destruídas, duzentos mil feridos.

Dia 9 de agosto de 1945. Três dias se passaram. Eis chegado o tempo da imolação de Nagasaki.

O último combate

Dia 10 de agosto de 1945, o Japão capitula.

O mundo livre ganhou. Vitória em um campo de desolação.

Einstein ouve as informações. Em toda parte, nos países libertados, festeja-se a vitória. Os povos estão exultantes. A tirania foi derrubada. Eis a humanidade vitoriosa!

Que vitória?

Duzentas e cinquenta mil almas reduzidas a fumaça, com o lançamento de duas bombas sobre o país do Sol Nascente para apressar o fim de uma guerra já ganha.

Povos exultantes. Dançar sobre as cinzas?

Einstein vê as imagens dos soldados americanos abrindo a porta dos campos. Os corpos descarnados, desarticulados, sendo empurrados para fossos. Ouve o relato dos sobreviventes que desembarcam nos Estados Unidos. Voltam aos seus ouvidos os discursos de Hitler escutados, no passado, pelo rádio. As exortações repetidas pelas multidões. Quem sai vitorioso da guerra? Mais da metade da população judia foi exterminada. Pouco a pouco, o grande calvário vai sendo relatado. Homens empurraram velhos para dentro das câmaras de gás. As mulheres, acreditando ir para o chuveiro, caminhavam para a morte. Corpos foram postos em fornos. O solo das florestas da Polônia está encharcado com o sangue de milhares de cadáveres. Homens ainda com vida foram cobertos de cal. Quando a derrota era certa, batalhões de SS secundados pela Wermacht colocavam todo o seu insano fervor para caçar, no vilarejo mais retirado da Europa ocupada, a menor criança judia ainda deixada com vida. Para interná-la. Colocá-la dentro de um trem. Conduzi-la a Auschwitz. Matá-la com gás. Queimar as cinzas de seu corpo. Um milhão de crianças judias.

Como a maior parte das famílias de refugiados, a de Einstein deu seu dízimo ao Holocausto. O primo Roberto, filho do tio Jakob, o querido Jakob que o iniciara na física, viu com os próprios olhos a mulher e os filhos abatidos pelos nazistas. Conseguiu escapar. Depois se suicidou.

Como tudo isso pôde ser possível? Como Einstein não soube de nada? Não prestou suficientemente atenção? Não teve o cuidado de ler entre as linhas, de escutar por trás dos silêncios? Por que diabos não vieram vê-lo? Mas o que ele poderia ter feito? Murmura-se que Roosevelt foi informado. Alguma coisa poderia ter sido tentada. Nada foi feito. Tinham a cabeça em outro lugar. O salvamento do povo judeu não era uma prioridade. Mesmo quando se soube que, todos os dias, os vagões despejavam aos milhares as populações judias húngaras no abatedouro.

Mais do que um povo a salvar, havia um inimigo a vencer.

Mas Einstein pode ficar ressentido com a América? Ela se lançou na batalha, preservou o que restava a preservar. Einstein reserva a outros seu ressentimento. Seu rancor não enfraquecerá durante a década que ainda lhe resta viver.

Ressente-se contra a Alemanha. Como se fosse uma questão pessoal. Einstein contra o povo alemão.

Einstein não perdoará jamais. Jamais.

Nutrirá em relação ao povo alemão um ódio inexpiável. Jamais dissociará alemães e nazistas. Proclama durante o sétimo aniversário da Noite de Cristal, numa cerimônia na prefeitura de Nova York: "Faz sete anos que se iniciou um empreendimento sistemático organizado pelos alemães para exterminar o povo judeu. Hoje, o poder dos grandes criminosos foi quebrado, depois que eles assassinaram milhões de nossos irmãos."[1]

A civilização que alcançara o mais alto nível de refinamento, o povo de Goethe e de Schiller, rebaixou a alma humana a menos que a alma do animal.

Ele escreve: "Como um povo em sua totalidade, os alemães são responsáveis pelos massacres e como tal devem ser punidos... Por trás do Partido Nazista está o povo alemão."[2]

Berlim, onde ele conheceu a felicidade; Munique e as lembranças dos dias felizes da infância... ele jura nunca mais botar os pés lá.

Proíbe que seus livros sejam vendidos na Alemanha.
Manterá seu juramento até o fim de seus dias.

Depois da tormenta, como se delineia seu futuro?

Apesar de tudo, ele ainda se sente com forças. Tem apenas 66 anos. O cérebro continua vivo. Cheio de apetites de descobertas. Sente-se pronto para voltar à sua teoria do campo unitário. Sim, o coração ainda está batendo. Rumores chegam a lhe atribuir amantes! O que ele pode esperar para seus últimos anos?

Eis que se anuncia o advento de um tempo novo. A ameaça nuclear pairará doravante acima da humanidade inteira.

Discursos vindos do Leste, aos quais respondem declarações a Oeste, anunciam a explosão das alianças de ontem. Entre as potências vitoriosas, o ambiente torna-se glacial. Os americanos esconderam de Stalin seu programa nuclear. O ditador se diz traído. Humilhado. Talvez seus sábios já tenham se lançado na corrida pela bomba. À guerra mundial se sucederá uma guerra fria.

O futuro de Einstein? Talvez não se desenrole sobre tapetes de rosas...

Talvez se ofereça a ele a oportunidade de um derradeiro combate. Seus sonhos estão intactos. Nisso reside sua vitória sobre a barbárie. É o que diria a Lenard caso cruzasse com ele durante a fuga.

Ele sonha com um governo mundial. Sonha com uma paz universal. Sonha...

Helen Dukas entra no quarto e interrompe seus devaneios. Com o ar embaraçado, a mão pouco firme, entrega a ele os jornais da semana. Ela deixa o quarto com o mesmo traço de preocupação que tivera ao entrar. Teve a presença de espírito de dissimular, no meio de um volumosos pacote de jornais, a revista *Time*. Quem sabe, nessa manhã, Einstein decide não ler os jornais.

Um grito de raiva ressoa através das paredes.

Eles ousaram! A *Time*! Essa revista à qual ele jamais recusou uma entrevista. Que colocara Elsa na capa para vender papel.

Eles ousaram! Einstein não acredita nos próprios olhos. Está na primeira página da *Time* – isso já não acontecia há uma década. Contudo, por trás de sua fotografia, delineia-se a imagem do cogumelo nuclear e a célebre fórmula.

No editorial, a revista afirma que Einstein é o pai da bomba.

Eis seu próximo combate. Faria qualquer coisa para não ter de passar por ele.

Ele admite: sem dúvida, escreveu a Roosevelt para pedir-lhe que entrasse na corrida pela bomba. Temera mais do que tudo que a arma suprema caísse nas mãos do tirano supremo. De uma certa maneira, com sua exortação, desejara salvar a humanidade em perigo. Apelo que ele carregará como sua cruz.

De agora em diante, em todas as entrevistas, será interpelado sobre o assunto. Suspeitam dele veladamente. Ou então o incriminam de forma peremptória. Não, ele não é o pai da bomba! Jamais participou do "Projeto Manhattan". Ninguém nega o segundo ponto. Mas a carta a Roosevelt foi tornada pública. A carta o acusa. Ele levou Roosevelt a colocar a máquina em movimento. Deve responder por esse ato. Ele sempre se defende. O historiador Jules Isaac encontra-se com ele, menciona sua célebre fórmula. O francês pergunta se Einstein não teria ficado em dúvida ao formular a equação. O Nobel responde logicamente: "E o senhor acha que eu poderia, em 1905, prever o desenvolvimento das bombas atômicas?"[3]

Sempre se pensou que os pesquisadores de Los Alamos e Einstein haviam cedido ao pânico diante dos projetos alemães. Que haviam trabalhado para nada. Eles próprios, depois da guerra, mortificados pela culpa, acreditavam ter acionado a engrenagem nuclear, mesmo sabendo que os alemães não tinham condições de executar um projeto como aquele. As últimas pesquisas históricas tendem a provar o contrário. Hoje, historiadores demonstram, baseados em arquivos revelados após o desmoronamento do bloco do Leste, que a bomba de Hitler estava longe de ser um fantasma. Heisenberg, o chefe do projeto, teria apenas procurado se proteger ao afirmar depois da guerra que nunca estivera à altura de dar a bomba à Wermacht.

O historiador Rainer Karlsch, que trabalha na comissão histórica de Berlim, revela em um livro extremamente documentado[4], cujas conclusões resultam do exame e do cotejo de milhares de páginas de arquivos, como Heisenberg, em colaboração com equipes da indústria alemã, realizou durante toda a guerra pesquisas para fabricar a bomba.

Karlsch faz mais do que instilar a dúvida. Os nazistas teriam testado, e conseguido por duas vezes, ensaios nucleares! Bombas atômicas de fraco poder, com uma tecnologia diferente, próximas das futuras armas atômicas táticas e de nêutrons, teriam sido certamente fabricadas. Foi provavelmente a razão, em plena derrocada, no mês de janeiro de 1945, para Albert Speer, ministro do Armamento, estar persuadido de que, se os nazistas tivessem "aguentado" mais um ano, eles teriam ganho a guerra.

O historiador alemão foi medir, nos locais de "experimentação", as taxas de radioatividade. A seu ver, a conclusão é definitiva: sim, os alemães executaram dois testes atômicos. O segredo que cercava a pesquisa atômica estava, para Hitler, no mesmo nível do que escondia os campos da morte.

A construção de um reator nuclear teria sido concluída em Gottow, sob a direção de um sábio chamado Diebner.

Cargas nucleares vazias teriam sido elaboradas e depois testadas a partir de outubro de 1943. Em agosto de 1944, o construtor de aviões Sangers propôs um plano de ataque a Nova York.

Os SS pediram à Wermacht, no começo de 1945, um estoque de rádio.

Em 3 de março de 1945, um teste nuclear teria sido realizado em Ohrdruf, na Turíngia, no meio de um campo de concentração que abrigava prisioneiros soviéticos.

Os habitantes falam de uma grande chama elevando-se no céu no momento da explosão.

Nenhum dos prisioneiros sobreviveu à explosão.

Os cadáveres, encontrados sem cabelos, queimados vivos, foram dispersados pelos campos das proximidades.

As alegações de Hitler antes do final da guerra sobre a arma milagrosa de que ele disporia talvez não fossem um engodo e não se referissem aos V2.

Nessa época, Einstein ignora tudo isso. No entanto, seu sentimento de culpa não altera em nada sua determinação. O peso da responsabilidade o faz redobrar o ardor em relação aos novos combates. Ele retoma seu bastão de peregrino da paz. Acredita ter compreendido as lições da carnificina e dispor da solução. Hoje, essa solução talvez provocasse um sorriso. Talvez o fizesse ser acusado de ingenuidade, de angelismo político. Em 1945, porém, ele não é o único a aderir a ela.

Einstein quer um governo mundial! Uma instância, bem diferente da ONU, que reinará sobre o mundo. Um poder supranacional que regerá o poderio militar, cujos governantes serão eleitos pelos membros do conjunto das nações. Já em 1918, ele sonhara com uma governança assim. A única capaz, a seu ver, de assegurar a paz no mundo, a dignidade e a integridade dos Estados mais fracos. Na época, entretanto, ele trabalhara para que a SDN aceitasse e encorajasse o retorno da Alemanha ao seio dos países civilizados. No presente, ele luta para proibir a menor reaproximação com o país vencido.

Einstein já manifestara suas grandes dúvidas sobre a SDN. Pediu demissão várias vezes das instâncias da comissão intelectual de que era o representante da Alemanha. Desconfiava do mesmo modo da incúria da ONU, exigindo que se fosse mais longe na organização mundial. Só uma governança supranacional poderia afiançar a paz mundial e sobretudo a não proliferação das armas de destruição maciça. A partir de 1946, a ele se junta uma parte da comunidade científica. Ela estima que tem uma responsabilidade na marcha do mundo. Sente-se igualmente culpada por ter posto a serviço dos poderes militares armas capazes de devastar o planeta. A "Comissão de Urgência dos Sábios Atomistas" apoia ativamente Einstein e também lhe oferece sua presidência. Ele aceita.

Sobre a questão nuclear, seu raciocínio é um tanto rebuscado. Ele não deseja o desarmamento, julgado ilusório, incontrolável. Não se opõe a que a América continue dispondo da bomba atômica. Aceita até mesmo o princípio da dissuasão nuclear. Em novembro de 1945, ele apresenta uma curiosa sugestão na revista *Atlantic Monthly*, sob o título de "A guerra atômica ou a paz". A seu ver, os americanos não devem entregar seus segredos à União Soviética, mas devem colocá-los à disposição de uma instância mundial, da qual, por sua vez, a União Soviética fará parte. Só a instância supranacional permanecerá depositária da força armada nuclear. Doce sonhador...

Em outubro de 1946, Einstein dirige uma carta à ONU, exortando-a a se abrir a essa governança mundial. Pede uma reforma dos estatutos da Organização. A instância internacional não seria mais dirigida pelo Conselho de Segurança, mas pela assembleia inteira. Os membros dessa assembleia seriam eleitos pelos cidadãos do povo que eles representam. O Nobel acrescenta que "a instância deve ser capaz de intervir em um país se uma minoria estiver sendo oprimida pela maioria".[5] Einstein acaba de inventar o direito de ingerência...

Um obstáculo considerável opõe-se aos votos piedosos de Einstein. Os soviéticos não veem nessa governança mundial senão uma manobra destinada a privá-los da arma atômica. Einstein, porém, tomou o cuidado de associá-los à sua visão de mundo. Essa visão aproxima-se de resto do internacionalismo pleiteado pelos soviéticos. Ela encontrará na pessoa de seus representantes os mais ferozes adversários. Em 1947, quatro sábios da Academia de Ciências Soviética publicam no *New York Times* um artigo criticando veementemente Albert Einstein. Einstein responderá a ele, com grande moderação, em 1948, no *The Bulletin of the Atomists Scientists*:

> Se pensarmos no que a Rússia, particularmente no decorrer dos últimos três anos, sofreu e sofre da parte do estrangeiro, com as invasões alemãs, com as intervenções durante a guerra civil, com a campanha sistemática de difamação na imprensa ocidental, [...] poderemos perfeitamente compreender essa fuga no isolacionismo. [...] Eu creio, como os senhores, que a economia socialista tem vantagens que compensam de maneira decisiva seus inconvenientes, com a condição, entretanto, de que seus dirigentes possam corresponder ao que se espera deles [...]. Eu creio também que a economia capitalista se revelará incapaz de lidar com o desemprego crônico, assim como de estabelecer um equilíbrio sadio entre a produção e o poder de compra do povo. Mas devemos evitar, por outro lado, apresentar o capitalismo como a fonte de todos os males e acreditar que o socialismo poderia curar a humanidade dos males de que ela sofre.[6]

Em maio de 1949, ele chegará a publicar na *Monthly Review* um longo texto intitulado "Por que o socialismo?".

Esse ensaio, que se apresenta como um manifesto por uma sociedade mais justa, rejeita os excessos do modelo capitalista e leva em conta os sucessos econômicos da reforma inspirada nos soviéticos. O trabalho mostra a ambiguidade que regerá, durante toda a sua existência, as relações entre Einstein e o regime soviético. Contudo, Einstein responderá negativamente a todos os convites para visitar a União Soviética. Ele sempre teve horror a qualquer forma de autoritarismo. Dirá não até mesmo a seu amigo Joliot-Curie, que o convida a se associar ao "Congresso Mundial pela Paz", mas que ele vê sendo apropriado pelo Partido Comunista.

O sábio sempre condenou os excessos do totalitarismo, mas sempre procurou um compromisso com o sistema soviético. A seu ver, as duas ditaduras não são comparáveis. Ele considera delirante o ódio anticomunista que está sendo disseminado na América.

Em agosto de 1949, um tremor de terra vai arruinar a ordem estabelecida. Em Semipalatinsk, os soviéticos explodem sua primeira bomba atômica.

A história da bomba soviética é tão edificante quanto a da bomba americana. Ela começa em 1939. Enquanto Bohr e os franceses progridem na fissão, um jovem sábio soviético chamado Zeldovitch e seu assistente Khariton descobrem, no Instituto de Leningrado, a teoria da reação em cadeia. O trabalho dos dois é rapidamente prejudicado pelo avanço do exército alemão. Em 1941, eles são evacuados para o leste, para Kazan, onde os dois pesquisadores, sob a direção de Kurtchatov, teórico da construção de reatores nucleares, continuam a trabalhar em condições particularmente difíceis. Em 1945, Stalin se dá conta de seu atraso em relação aos americanos. Empreende a execução de um programa cuja amplitude e cujos meios ultrapassam os do "Projeto Manhattan". Beria, o chefe da polícia política de sinistra memória, coordena as operações. Milhões de soviéticos são enviados para os poços de extração de minério de urânio. Eles constroem fábricas, prédios para pesquisas. Chamados de *zeks**, vivem como escravos. Beria dirige as equipes de cientistas com mão de ferro. Ao mesmo tempo, Klaus Fuchs, que trabalhava em Los Alamos no "Projeto Manhattan", entrega aos russos o plano da bomba americana de plutônio. Em 29 de agosto de 1949, a URSS explode sua primeira bomba atômica.

De única potência mundial detentora do fogo nuclear, os Estados Unidos tornaram-se um alvo em potencial.

O equilíbrio do terror, que dá vertigem nos americanos, dentro em breve fará seus dirigentes perderem a cabeça. Janeiro de 1950: o presidente Harry Truman lança solenemente a corrida à bomba H. A Comissão de Energia Atômica é encarregada dos trabalhos. A bomba de hidrogênio, a arma mágica. Inacreditavelmente mais potente do que a bomba A. Pretende-se que ela tenha o poder de matar as populações, deixando as infraestruturas no lugar. Uma dádiva para os militares.

O primeiro a se manifestar contra essa corrida louca? Einstein. O Nobel responde em fevereiro de 1950, durante o programa de rádio apresentado por Eleanor Roosevelt, mulher do presidente falecido, ardente defensor do pacifismo: "Com a bomba H", adverte Einstein, "a contaminação radioativa da atmosfera e, consequentemente, a destruição de toda vida sobre a Terra se tornarão tecnicamente possíveis. É o caminho para o aniquilamento total."[7]

Einstein denuncia publicamente a decisão do presidente Truman de se lançar na produção da bomba H.

Em 1952, a primeira bomba H explode.

Agosto de 1953: menos de um ano depois dos americanos, os soviéticos soltam sua bomba de hidrogênio. Sakharov é o seu "pai". Décadas mais tarde, ele se tornará o mais importante dissidente do regime soviético e receberá o Prêmio

---

* Os *zeks* vivem na região do Gulag. O Frelag designa a direção geral dos campos (*Glanoie Upralevnie Laguerei*), e o *zek*, ou seja, o prisioneiro, é a abreviação de "k/k": o "detento do canal".

Nobel... da paz. Einstein, Sakharov – dizem que os grandes espíritos se parecem, uma verdade que atravessa os séculos.

Einstein condenou a entrada dos Estados Unidos na Guerra da Coreia.

Einstein propõe que o governo americano delegue seus poderes militares a uma governança mundial.

Einstein toma posição publicamente contra a política de segregação racial.

Einstein foi um fervoroso pacifista no período entre as guerras.

Einstein louva os benefícios de um socialismo de rosto humano.

Só se passou uma década desde que a América concedeu sua cidadania ao senhor Einstein.

O senhor Einstein não estaria mostrando ser um inimigo do poder?

A partir de 1950, um senador americano, totalmente desconhecido até então, vai transformar o rosto da América até torná-lo hediondo. Joseph McCarthy, senador republicano do Wisconsin, inaugura um dos períodos mais negros da vida democrática americana com seu tristemente célebre discurso de Wheeling (19 de fevereiro de 1950). O senador declara estar de posse da lista de 205 funcionários do Departamento de Estado simpatizantes do comunismo. Após o triunfo do partido republicano no Senado, em 1952, McCarthy alcança a presidência de uma subcomissão senatorial de investigação permanente. A "caça às bruxas" está lançada. Ela não poupará ninguém. Dirigentes políticos, funcionários públicos, assalariados de empresas privadas, representantes dos meios artísticos, particularmente os do cinema. McCarthy vê inimigos da América por todo lado. Entre 1950 e 1954, ninguém está livre de ir parar na prisão. Emitir uma opinião de esquerda torna-se um crime de alta traição. O general George

Marshall, Charles Chaplin e Berthold Brecht passarão pela trágica experiência, assim como cerca de dez mil cidadãos, do simples agente federal à estrela de cinema. Há quem assegure que a ferocidade da CIA contra Ernest Hemingway não é desprovida de relação com seu suicídio.

Em janeiro de 1954, Einstein acusa: "A 'ameaça soviética' é utilizada pelos políticos reacionários como pretexto para seus ataques aos direitos civis... Demos um grande passo na direção do estabelecimento de um regime fascista. A semelhança entre minhas condições gerais aqui e na Alemanha de 1932 é absolutamente visível".[8]

A caça às bruxas está aberta. Em toda parte veem-se inimigos da América. E em toda parte estão no seu encalço. Os comunistas, os socialistas, os simpatizantes de esquerda, os pacifistas, os antinucleares. Todos aqueles com os quais a América conta em termos de intelectuais, artistas e cientistas serão espionados, vigiados, interrogados, passarão pela comissão e pela subcomissão. Exige-se de todos a certeza de nunca terem sido comunistas, nunca terem simpatizado com o comunismo. Pior, intima-se a denúncia dos que são vistos como adversários dos Estados Unidos. A Inquisição atravessou os séculos e o Atlântico.

Um homem vai se debruçar sobre o caso Einstein. Já havia se interessado por ele no momento da elaboração do "Projeto Manhattan". Porém, os tempos mudaram, a época é mais "propícia". As provas são hoje contundentes. J. Edgar Hoover está no presente plenamente convencido: "Einstein é um agente comunista". Talvez tenha sido o homem que entregou os segredos da bomba aos soviéticos!

Em março de 1954, Einstein escreve à rainha-mãe da Bélgica, sua protetora no passado: "Eu me tornei uma espécie de *enfant terrible* na minha nova pátria, o que se deve à minha incapacidade de guardar silêncio e de engolir tudo o que acontece aqui".[9] No Texas, fala-se da oportunidade de queimar seus livros.

Para o general Eisenhower, como para Truman antes dele, a posse da bomba pelos soviéticos era previsível e até mesmo natural. Mas para Hoover, McCarthy e grande parte da opinião pública americana, os soviéticos não podiam ter descoberto sozinhos os segredos da bomba. Seus sábios não estavam à altura. Jamais poderiam conseguir um resultado desses tão rápido. E se eram incapazes, se chegaram lá tão depressa, só pode ser porque foram ajudados. A América acolheu em seu seio traidores. Traidores que forneceram ao pior inimigo os meios de destruir seu continente.

A primeira – a única? – prova cai rapidamente: um físico alemão refugiado, Klaus Fuchs, que trabalhou no "Projeto Manhattan", foi preso em Londres em 1950, acusado de entendimento com a União Soviética.

Hoover atribui-se uma missão: demonstrar, custe o que custar, que Einstein conheceu Fuchs, esteve com ele, ajudou-o. Com o Nobel, Hoover acredita que pegou em sua rede o maior dos peixes. O FBI montará contra Einstein um dossiê de mais de mil páginas, constituído de cartas e notas e já aberto em 1930, quando a Woman Patriot Corporation quisera proibir ao sábio o acesso aos Estados Unidos.

Conclusão desse trabalho colossal de 25 anos de espionagem: Einstein jamais estivera com Fuchs. Pior ainda para Hoover: Einstein, embora pacifista e livre-pensador, sempre fora leal à América.

O encarceramento de Fuchs terá outras consequências mais dramáticas. O refugiado alemão menciona um certo David Greenglass, soldado em Los Alamos, que confessa ter roubado documentos secretos a pedido de seu cunhado, um engenheiro com simpatias políticas "duvidosas": Julius Rosenberg. A mulher de Julius, Ethel, é rapidamente arrolada. O casal é jogado na prisão no verão de 1950. Apesar da inconsistência da acusação – o dossiê a respeito de Ethel é totalmente vazio –, o casal é condenado à morte em 29 de março de 1951.

Einstein vai interceder a favor deles por todos os meios. Não quer entrar no debate sobre a culpa ou a inocência dos dois: pôr em dúvida a lealdade da justiça americana faria o jogo dos inimigos. Escreve primeiramente ao juiz Kaufman, que pronunciou a sentença. Kaufman não responde – e trata paralelamente de fazer a carta chegar a Hoover, encarregado pelo chefe da CIA de utilizá-la devidamente... Einstein escreve a Truman uma carta pedindo indulgência e a comutação da pena. A carta será publicada pelo *New York Times*. Ela acompanha numerosos apelos internacionais para salvar os Rosenberg.

No dia 19 de junho de 1953, Ethel e Julius Rosenberg são executados na cadeira elétrica. O presidente Eisenhower, que sucedeu a Truman, não cedeu ao movimento internacional a favor deles.

Einstein, por outro lado, se verá acusado de não ter despendido a mesma energia para defender os nove médicos judeus condenados por Stalin por conspiração no tristemente célebre "complô dos jalecos brancos".

Em maio de 1953, um professor do Brooklyn, de nome William Frauenglass, escreve a Einstein. O homem foi chamado a comparecer diante de uma subcomissão do Senado. Pedem-lhe esclarecimentos sobre suas atividades. É acusado de ter uma influência política nociva sobre seus alunos: ele teria favorecido trocas culturais internacionais... Frauenglass recusa-se a se apresentar diante da comissão. Ele faz um apelo ao sábio de Princeton. A resposta do Nobel, de uma audácia inacreditável nesses tempos de caça às bruxas, será publicada no *New York Times* de 13 de junho de 1953:

> Todo intelectual convocado diante de uma das comissões deveria recusar-se a testemunhar, ou seja, a se preparar para a prisão, para a ruína econômica, em suma, para o sacrifício do bem-estar pessoal no interesse do bem-estar cultural de seu país. Contudo, tal recusa a testemunhar não deve basear-se no subterfúgio bastante conhecido que consiste em invocar a quinta emenda da constituição para não testemunhar contra si mesmo, mas na asserção de que é vergonhoso para um cidadão impecável submeter-se a tal inquisição [...]. Caso contrário, os intelectuais deste país não merecem nada melhor do que a escravidão que lhes preparam.[10]

A publicação da carta acarreta o erguimento dos escudos e uma onda de hostilidade contra Einstein nunca antes alcançados. A imprensa acusa o sábio de servir aos interesses de um país inimigo. Lembram-lhe que a América o salvou das mãos dos nazistas. Políticos tratam-no como se ele fosse uma ameaça para a nação. Para McCarthy, "quem estimula os americanos a guardar segredo das informações a respeito de espiões ou sabotadores é ele mesmo um inimigo da América". Einstein está no olho do furacão.

Como o combate por um governo mundial parece distante...

Em 1953, explode o "caso Oppenheimer". Professor da Universidade de Berkeley, Oppenheimer foi a peça-mestra do "Projeto Manhattan". Contudo, a partir de 1943, o brilhante físico é submetido a uma investigação pelo FBI por causa de suas simpatias socialistas de antes da guerra. A agência nada pôde demonstrar. Depois do bombardeio de Hiroshima, Oppenheimer começou a alertar a opinião pública sobre os perigos da arma atômica. É, mesmo assim, nomeado presidente da Comissão Consultiva Geral de Energia Atômica, em 1947, como parte do programa de desenvolvimento da bomba de hidrogênio. É lá que ele toma posição abertamente contra o prosseguimento das pesquisas sobre a bomba H. A campanha de calúnias é relançada. Em 1953, Eisenhower ordena que o sábio seja mantido afastado dos segredos atômicos. Uma paródia de processo ocorre em abril de 1954. Em junho, Einstein toma a defesa do físico e faz com que um manifesto de apoio seja assinado pelo conjunto de seus colegas de Princeton. Em vão.

A inquisição americana termina quando McCarthy, presa de sua loucura paranoica, ataca o próprio exército. Em 2 de dezembro de 1954, o Senado americano coloca um ponto final em suas atividades. McCarthy morrerá três anos mais tarde. Terá destruído milhares de vidas.

A força de convicção de Einstein continua resistente. O Nobel não renuncia ao combate. Fevereiro de 1955: o sábio inglês Bertrand Russell tenta reunir cientistas em torno de um apelo pela paz. Einstein aprecia Russell. Já compartilhara com ele seu combate pela paz durante a Primeira Guerra, seu apelo contra o isolacionismo antes da segunda. Engaja-se imediatamente junto com ele. O texto reunirá uma dezena de prêmios Nobel no dia 9 de julho de 1955. Einstein é um dos primeiros a aceitar. Este será seu último engajamento.

Anteriormente – depois da morte de Chaim Weizmann em novembro de 1952 –, Ben Gurion, o "pai fundador", propusera a Einstein a presidência do recentíssimo Estado de Israel. O Nobel trabalhou muito pela edificação da Universidade Hebraica de Jerusalém e pela do "Technion", sua irmã gêmea de Haifa. Ben Gurion faz uma visita ao sábio para tentar convencê-lo. Einstein à frente do Estado judeu seria um símbolo poderoso! Einstein declina o convite. Explica em sua carta de resposta tornada pública em 17 de novembro de 1952:

> Sinto-me profundamente tocado pelo oferecimento de nosso Estado de Israel e evidentemente muito triste e confuso

por me achar na impossibilidade de aceitar tal oferecimento [...]. Não tenho nem a aptidão nem a experiência requerida em matéria de relações humanas para o exercício de funções oficiais. Por isso, ainda que minhas forças não estivessem cada vez mais abaladas pela idade, eu seria incapaz de cumprir a elevada tarefa. Essa situação me aflige, ainda mais que minha relação com o povo judeu se tornou o elo mais forte de minha existência desde que tomei plenamente consciência da precariedade de nossa situação entre os povos.[11]

De fato, é difícil imaginar o "eremita de Princeton" enfrentando, com quase setenta anos, uma proposta como essa, mesmo se tratando de uma causa por ele defendida fervorosamente por mais de trinta anos.

O fim

Inverno de 1955: Einstein está velho, esgotado. Seus raros visitantes não reconhecem mais o homem outrora risonho. O rosto está cavado. Rugas marcam cada pedacinho de pele. O olhar perdeu todo o brilho. Seu discurso é desprovido de qualquer vigor, de qualquer otimismo. Ele vê o mundo correndo para a morte, levado pela loucura dos homens. Lamenta por vezes não ter consumado sua tarefa e lança seu doravante célebre: "Se fosse para recomeçar, eu teria sido encanador...".[1]

Ele perdeu, um a um, todos os seus. Os que ele amara, os que haviam acompanhado os dias felizes e os dias de desespero, os que o haviam apoiado. Mileva, sua primeira esposa, morreu em 4 de agosto de 1948 em Zurique. Sua morte deixa Eduard, filho caçula de Einstein, sozinho na prisão de sua loucura, em uma instituição zuriquense onde sobreviverá ao pai até 1965. Em 1951, Einstein perde o ser que talvez mais amou em toda a existência, sua memória viva: a irmã Maja, que morava perto dele, em Princeton.

Em 15 de março de 1955, no dia seguinte ao seu aniversário de 76 anos, foi a vez de seu amigo mais querido falecer: Michele Besso, que ele conhecera em Zurique no final do século anterior.

Restam apenas Margot, sua enteada, e Helen Dukas. Até morrerem, respectivamente, em 1986 e 1982, elas cuidarão do respeito pela memória do sábio. Margot continuará morando no número 112 da Mercer Street. Quanto a Helen, ela será chamada para ser, junto ao fiel Otto Nathan, sua legatária pessoal. Porém, é a Universidade Hebraica de Jerusalém, para cuja edificação ele tanto trabalhou e da qual sentia tanto orgulho, que é designada legatária de seus arquivos, artigos e cartas. Eles farão a viagem de Princeton a Jerusalém, em 1981, mais bem-guardados do que um tesouro.

A vida torna-se cada vez mais calma no número 112 da Mercer Street. De tempos em tempos, um visitante passa para vê-lo. Quando rumores a respeito de seu estado de saúde conseguem transpor a soleira da casa, Helen é obrigada a dispersar a multidão de jornalistas que se comprime diante da casa.

Einstein continua a escrever.

Em 11 de abril, ele assina o manifesto que Russell enviou-lhe.

No dia 13, uma terrível dor no ventre o derruba. Só aceita ser hospitalizado no dia 15. Sabe-se, desde 1949, que um volumoso aneurisma da aorta abdominal comprime parte de seu abdome. Dentro dessa bolsa fragilizada, o sangue bate com violência. A bolsa pode romper-se a qualquer momento sob a pressão sanguínea e inundar as vísceras com fluxos intensos e contínuos. É como se o ventre de Einstein abrigasse uma bomba. No dia 13, rompem-se as paredes do aneurisma. Para os médicos, ainda daria tempo para intervir, para controlar a situação. Um novo tratamento, um transplante, acaba de ser experimentado em Nova York. Propõem-lhe o transplante. Ele recusa. Como a dor se torna muito intensa, consente de má vontade em ser hospitalizado. É conduzido de ambulância. Ele pede a Helen Dukas para não esquecer de lhe levar papel e caneta. E os seus óculos, ele precisa dos óculos. Quer prosseguir com os cálculos interrompidos na semana anterior.

Seu filho Hans Albert veio da Califórnia para ficar com ele. Einstein esboça um sorriso ao vê-lo. O filho senta-se na cabeceira do pai, coloca a mão em cima da mão do sábio. Uma mão fria, tão fria. Permanecem calmos, os dois. Einstein olha para o filho. O brilho do seu olhar renasce por um instante. Uma paz, cheia de solenidade, reina na peça. Os dois seres estão em comunhão. Albert, com um murmúrio, anuncia que decidiu que seu violino vai para Bernhard, o neto. Hans Albert retém as lágrimas. O som do violino de Albert ressoa nos ouvidos de ambos. O violino que tocou diante de tantos auditórios pelo mundo, através de todos os clamores da História, que tanto alegrou cada um dos membros da família, que proporcionou tanta felicidade ao sábio. Albert repete que não tem medo da morte. Viveu bastante. Viveu tantas aventuras, atravessou tantos espaços e tempos, viagens interiores. Viu os homens viverem, matarem, morrerem, viu os espíritos construírem mundos de sonho, universos de morte. Talvez não tenha visto tudo. Mas o que lhe resta para ver? Paixões, tragédias, alegrias humanas? Navegou sozinho por calmos e tranquilos lagos e foi pego pela borrasca do que de pior a História pôde consumar. Ele nasceu num mundo de paz há três quartos de século. Lembra-se do próprio pai, uma rocha. Ele viveu duas guerras, viveu apelos ao crime, ao aniquilamento, ao banimento. Entre suas mãos correu todo o ouro da glória que um homem pode conhecer. Todas as sordidezes, as atrocidades que um homem pode suportar, ele passou por todas. Sorri para o filho, um sorriso breve que a dor transforma em ricto. Ele explorou o mundo, do infinitamente pequeno ao infinitamente grande. Em seu périplo, descobriu maravilhas que nenhum ser antes dele entrevira. Alguma coisa saiu do seu espírito, ele não sabe muito bem o quê. De onde isso lhe veio? Por que ele foi designado? Mas essa "alguma coisa", que suas mãos transcreveram, mudou um pouco o olhar dos homens sobre o mundo. O conhecimento e o saber. Ele jamais – é do que sente mais orgulho – abdicou. Jamais faltou a suas convicções, nem aos amigos. Jamais renegou. Mesmo no meio da pior tormenta, mesmo quando suas origens eram sinal de infâmia e risco de morte, sempre agitou sua própria bandeira. Jamais recuou diante do combate. Teria se enganado, perdido o rumo? Mas os desesperados sempre viram sua mão estendida. Sim, disso ele sente orgulho. Não foi dos que traíram, dos que apelaram para a barbárie, dos que não disseram nada. Ele sempre elevou a voz. Ninguém jamais o fez se calar. As estátuas, as homenagens, nunca ligou para elas, tampouco para a riqueza, para o poder. Na hora em que se sente mergulhar na longínqua escuridão, embora ainda esteja em plena luz sob a lâmpada fria de um quarto dentro em breve fúnebre, tem a impressão de ter compreendido. Há a luz e os buracos negros; há o Bem e o Mal. Ele detesta as zonas cinzentas. A submissão à ordem estabelecida e as pequenas acomodações. Pode ser que haja um Deus, mas com toda certeza há o humano. E ele nunca se esquivou, acredita, não importassem os riscos e os perigos incorridos, de seu dever de humanidade. Os últimos ruídos do dia chegam até ele. Ignora se verá a aurora. Pressente que não. Mas já presenciou tantas auroras magníficas e tantas auroras desoladoras. Não será espectador do próximo dia. A dor está muito intensa. Seu corpo, seu coração não conseguirão resistir a um sofrimento assim. Ele beija a mão do filho. Margot vem lhe desejar boa noite e enxugar sua testa inundada de suor, sua testa tão pálida, acima de seus olhos tão opacos, suas olheiras tão fundas. Ele fica sozinho. Alguém apagou a luz. Ou talvez seja seu olhar que não vê mais. Uma noite eterna – alguma vez acreditou nisso? Não percebe mais o encadeamento dos minutos e das horas. Mas talvez o tempo tenha acelerado sua corrida. Diz a si mesmo que abraçou o tempo, que o apertou com a mesma força, ele se lembra agora, com uma energia igual àquela que usara ao abraçar o pai e a mãe, que foram esperá-lo na estação de Pávia quando ele tinha quinze anos e tinha abandonado, envergonhado porém determinado, o ginásio de Munique. A mesma impetuosidade também, ele se lembra agora, com que apertava nos braços sua irmã Maja quando eles eram crianças. De tanto que eles eram felizes. De tanto que a felicidade irradiava pela casa. Agora ele tenta mexer o braço, mas não tem mais forças. Seu braço não mexe. Seu corpo não responde mais. Talvez o aneurisma tenha se rompido. A bomba explodiu no meio de sua barriga. O cataclismo interior foi desencadeado.

A hemorragia interna. Ainda bem que ele aceitou as injeções. Não sente a intensidade da dor.

Alguém acendeu a luz. Uma senhora de roupa branca. Ela se aproxima de seu rosto. Algumas palavras, cujo sentido ele mesmo não chega a captar, escapam de seus próprios lábios. É alemão, o que ela pode compreender, essa senhora de roupa branca que aproximou o ouvido de sua boca? É alemão, colorido de sotaque suábio. É uma hora e quinze da manhã. Chegou a hora de Albert se juntar aos seus.

ANEXOS

Cronologia

1879. *14 de março*: nascimento de Albert Einstein, filho de Hermann Einstein (1847-1902) e Pauline Koch (1858-1920), em Ulm, cidade medieval dos Alpes suábios anexada ao Império Alemão (Segundo Reich), fundado em 1871, em Versalhes, por Guilherme I e governado pelo primeiro chanceler Bismarck.

1880. *Junho*: os pais de Albert deixam Ulm para se instalar em Munique.

1881. *18 de novembro*: nascimento de Maria "Maja" Einstein (1881-1951), única irmã de Albert.

1885. Albert faz o estudo primário na escola católica de Munique. Assiste às aulas de instrução religiosa católica na escola e judaica em casa. Passa por uma primeira experiência de pensamento ao descobrir a bússola que o pai lhe dá de presente.

1888. Albert entra no Luitpold Gymnasium de Munique. Com o passar dos anos, suporta cada vez menos sua disciplina quase marcial e seus métodos de ensino.

1894. A família, arruinada, deixa Munique para se instalar na Itália, em Pávia. Einstein terá de prosseguir, sozinho, seus estudos em Munique.

1895. *Abril*: Einstein deixa o ginásio em pleno ano escolar, junta-se à família na Itália e decide abandonar a nacionalidade alemã.
Setembro: ele deixa a Itália e vai para a Suíça. Na escola regional de Aarau, faz uma preparação para o concurso de entrada no prestigioso Polytechnikum de Zurique (o ETH), em cujo exame de admissão não passou. Aarau é para ele um pedaço do paraíso. Lá ele conhece os Winteler, amigos de toda a vida. O pai, Jost Winteler, desperta-o para a política. A filha Marie é sua primeira "noiva".
Ele entra no ginásio de Aarau, pequena aldeia próxima de Zurique, e mora com os Winteler, amigos da família, cujo filho mais tarde se casará com Maja.

1896. Einstein é, aos dezesseis anos, oficialmente apátrida. Continuará sendo por cinco anos. É admitido na ETH depois que obtéve a *matura*, chave para o ensino superior.

Outono: ingressa na ETH de Zurique. Lá ele conhece Mileva Maric, sua futura mulher, sérvia ortodoxa, e Michele Angelo Besso, seu melhor amigo até o final de seus dias. Assiste às aulas de professores de altíssimo nível nas disciplinas de física e matemática.

1900. *Julho*: obtém o diploma da ETH e decide se casar com Mileva Maric, apesar da oposição da mãe.
Todos os postos de assistente a que postula lhe são recusados.

1901. A cidadania suíça lhe é concedida. Vive das aulas particulares que dá. Redige seu doutorado sobre a constituição das moléculas. O relacionamento com Mileva prossegue.

1902. *Janeiro*: nascimento da filha Lieserl, de quem jamais se conhecerá o destino.
Meados de junho: é aceito em um posto de perito técnico de terceira classe no Departamento de Patentes de Berna.
Outubro: seu pai falece em milão após abençoar seu casamento.

1903. *Janeiro:* Casamento de Albert e Mileva em Berna.
Einstein cria com seus amigos Habicht e Solovine, aos quais dentro em breve se junta Besso, a "Academia Olympia", centro de desenvolvimento de ideias científicas e políticas.

1904. *14 de maio*: nascimento de Hans Albert Einstein (ele morrerá em 1973, nos Estados Unidos, em Berkeley).
Albert prossegue intensamente suas pesquisas de física; ano de efervescência intelectual e de pesquisas pessoais.

1905. Ano mágico. Einstein está com 26 anos; sozinho, em seu escritório de Berna, publica nos *Annalen der Physik*, jornal de referência, seus cinco artigos, varrendo o conjunto dos domínios da física e revolucionando-os – dentre os quais o da teoria da relatividade (restrita), que conduz à fórmula $E=mc^2$, que lhe assegurará o Nobel e que diz respeito ao efeito fotoelétrico.

1906. *Janeiro*: ele obtém o título de doutor na Universidade de Zurique com sua tese sobre a natureza molecular.
É promovido a perito de segunda classe no Departamento de Patentes de Berna.

1907. Einstein trabalha na generalização de sua teoria da relatividade, até então "restrita". É a edificação de uma teoria da gravitação na escala da teoria de Newton, com vistas a substituí-la.

1908. Ele é autorizado a ensinar em Berna com o título de *Privatdozen*.

1909. Obtém o posto de professor associado na faculdade de Zurique.

1910. Nascimento de seu segundo filho, Eduard (acometido de esquizofrenia, o caçula de Einstein terminará os seus dias em um hospital psiquiátrico em Zurique em 1965).
Nomeado doutor *honoris causa* em Genebra.
Declaração de Max Planck, figura da física mundial, que vê em Einstein o Copérnico do século XX.

1911. Graças à recomendação de Planck, Einstein torna-se professor na prestigiosa Universidade de Praga. Em Praga, encontro com Max Brod, Hugo Bergmann, Franz Kafka...
O casal Einstein vai mal. Mileva detesta Praga. Instala-se a distância entre eles.
Outubro: convite para o primeiro Congresso Solvay, "cúpula da física mundial", em outubro, como representante do Império Austro-Húngaro. Ele é o físico mais jovem. Recebe uma acolhida triunfal. Estão presentes na sala Henri Poincaré e Marie Curie.

1912. Obtém o título de professor na ETH de Zurique, onde ele havia sido o único que não conseguira um posto de assistente. Vida de casal caótica. Começo de relacionamento com a prima Elsa. Pesquisa frutuosa sobre a teoria da relatividade geral, em colaboração com seu grande amigo Marcel Grossmann.

1913. Eleição para a Academia de Ciências da Prússia, onde ele assume suas funções no ano seguinte.
Publicação de um trabalho sobre o "espaço-tempo".

1914. *Fevereiro*: instalação em Berlim.
Julho: ruptura definitiva com Mileva, que volta a morar em Zurique com os dois filhos.
1º de agosto: a Primeira Guerra Mundial é declarada.
Apoio à guerra do conjunto dos cientistas alemães com o "Manifesto dos 93". Einstein assinará, por sua vez, um apelo à paz, o "Manifesto dos Europeus", que recolhe três nomes...

1915. Encontro pouco proveitoso com Romain Rolland sobre o combate dos pacifistas.

Progresso determinante da teoria da gravitação e da determinação fundamental da medida da defasagem do periélio de Mercúrio.

Elos cada vez mais estreitos com Elsa.

1916. *Março*: publicação dos "Fundamentos da teoria da relatividade geral", conclusão de uma década de trabalho. Nomeação de Einstein pelo Kaiser para a direção da *Physikalisch-Technische Reichsanstalt*. Reobtenção da nacionalidade alemã.

1917. Prosseguimento dos trabalhos sobre a teoria quântica e começo da pesquisa sobre a cosmologia.

Sofre de graves problemas digestivos, ligados às privações da guerra. Vive quase permanentemente na casa de Elsa.

1918. *11 de novembro*: armistício.

Apoio muito ativo à balbuciante República de Weimar.

A Academia Real da Inglaterra decide verificar a teoria de Einstein organizando duas expedições, ao Brasil e à Guiné, para medir o desvio da luz pelo Sol durante o eclipse solar previsto para 29 de maio de 1919.

1919. *14 de fevereiro*: Divórcio de Mileva.

29 de maio: eclipse solar e medição da irradiação luminosa pelas expedições.

2 de junho: casamento com Elsa.

6 de novembro: o presidente da Academia Real da Inglaterra, haja vista os resultados da expedição confirmando os trabalhos do sábio, apresenta a teoria de Einstein como um dos monumentos do pensamento humano. O *Times* e o *New York Times* celebram o triunfo sobre Newton.

Primeiros engajamentos políticos de Einstein a respeito da criação de um lar nacional na Palestina.

1920. *20 de fevereiro*: falecimento, no domicílio do filho, de Pauline, a mãe de Albert.

Primeiros ataques contra Einstein pelo "movimento antirrelativista", pelo Prêmio Nobel alemão Lenard, futuro seguidor do Partido Nazista, e pelos grupos nacionalistas alemães.

Einstein empreende uma série de viagens, todas triunfais, através do mundo.

1921. Hitler assume a direção do Partido Nazista, o NSDAP.
Abril: Einstein engaja-se mais concretamente a favor da causa sionista com uma viagem aos Estados Unidos, junto com Weizmann, futuro primeiro presidente do Estado de Israel, com o intuito de angariar recursos para a edificação de uma universidade hebraica em Jerusalém e pleitear a causa de um Estado judeu junto ao presidente dos Estados Unidos.
Viagem a Londres, começando com uma homenagem sobre o Túmulo de Newton. Encontros com Bernard Shaw, com o arcebispo de Canterbury...
Engaja-se ao lado de seu amigo Walther Rathenau, ministro das Relações Exteriores alemão, a favor da reintegração da Alemanha no cortejo das nações.
Trabalha para a conclusão de sua teoria do campo unitário.

1922. *Março*: visita-acontecimento à França, recepção no Collège de France, diante de Bergson, Langevin...
Participa, como representante da Alemanha, da Comissão Internacional de Cooperação Intelectual da SDN.
Início de violentos ataques antissemitas contra ele.
24 de junho: assassinato de Walther Rathenau por ultranacionalistas, que marca o começo da lenta agonia da República de Weimar. Einstein confessa a Planck que se sente pessoalmente ameaçado.
9 de novembro: apesar das oposições e das manobras contra sua pessoa, atribui-se a Einstein o Prêmio Nobel de Física de 1921 por sua contribuição ao estudo do efeito fotoelétrico. Ele entrega o montante a Mileva para a educação de seus filhos.
Novembro: turnê triunfal pelo Extremo-Oriente, notadamente o Japão.

1923. Primeira viagem à Palestina. Visita a Tel-Aviv. Einstein afirma: "É o dia mais belo da minha existência".
Trabalha em uma teoria da gravitação quântica.
9 de novembro: golpe fracassado de Hitler em Munique, que passará em um ano na prisão durante o qual redigirá *Mein Kampf*.

1924. Descoberta das regras de condensação dos gases, denominadas até hoje de regras "Bose-Einstein".

1925. Assinatura de um manifesto contra o serviço militar obrigatório com Gandhi.

Membro da direção da Universidade Hebraica de Jerusalém recém-construída.

1927. Quinto Congresso Solvay. Polêmica sobre a teoria dos *quanta*, modificada por seu amigo Bohr. "Derrota" de Einstein na controvérsia, vivida como uma humilhação.
Hitler obtém seu primeiro triunfo em Nuremberg.

1928. Eleição à presidência da Liga dos Direitos do Homem.
Infarto cardíaco cuja convalescença é longa.

1929. Começo dos elos estreitos com a rainha Elisabeth da Bélgica.
Einstein adquire uma casa em Caputh.
A crise econômica depreciou totalmente o valor do marco, atirado na rua por milhões de alemães, deixando a República de Weimar à beira da derrocada. De um lado e de outro, dois movimentos poderosos querem andar sobre suas ruínas: o Partido Comunista e o Partido Nazista.

1930. Nascimento do neto de Albert, Bernhard Einstein.
Visita e longa estadia nos Estados Unidos. Nessa ocasião, Einstein é proclamado cidadão honorário de Nova York.
Setembro: o Partido Nazista passa de três para dezoito por cento. Cem deputados do movimento têm assento no Reichstag.

1931. Einstein retorna à Alemanha; única longa estadia na casa de Caputh.
Propõem-lhe ingressar no novo Institute for Advanced Study de Princeton.

1932. Desmoronamento da República Alemã.
O país vive no temor das ações das SA e sob a bota do grupo paramilitar SS – *Schutztaffel*, Esquadrão de proteção –, já plenamente operacional e prestes a fazer reinar o terror entre os opositores.
Einstein deixa com Elsa sua casa de Caputh e abandona definitivamente a Alemanha.

1933. *Janeiro*: Hitler assume o poder.
Einstein pede demissão de seu cargo na Academia da Prússia. Instala-se na Bélgica, em Le Coq-sur-Mer.
3 de março: os nazistas atacam e "anexam" sua casa de Caputh.
Einstein deixa definitivamente a Europa pelos Estados Unidos. Instala-se em Princeton.

- **1934.** Encontro com o presidente Roosevelt para alertá-lo sobre a questão do avanço das pesquisas na Alemanha para a criação de uma bomba nuclear.
- **1935.** Publicação de um artigo importante sobre a mecânica quântica, intitulado "O paradoxo EPR".
- **1936.** Morte de Elsa Einstein.
- **1938.** *10 de novembro*: a Noite de Cristal – 130 mil judeus são enviados ao campo de concentração, principalmente para Dachau, próximo de Munique.
- **1939.** Entrega ao presidente Roosevelt da famosa carta assinada pessoalmente por Einstein, com o pedido de que fossem feitas pesquisas sobre a arma atômica.
  Agosto: começo da Segunda Guerra Mundial após a invasão da Polônia pelos alemães.
- **1940.** Obtenção da cidadania americana.
- **1941.** Entrada dos Estados Unidos na guerra.
- **1942.** Começo dos trabalhos do gigantesco "Projeto Manhattan", visando a dar a bomba atômica aos Estados Unidos. Mantido afastado do projeto, Einstein trabalhará em pesquisas para a Navy até 1945.
- **1945.** *Março*: carta dirigida ao presidente Roosevelt pedindo-lhe para não utilizar a bomba que, de agora em diante, está nas mãos dos americanos.
  Agosto: primeira explosão nuclear em Hiroshima.
- **1946.** Carta aberta às Nações Unidas com um apelo à formação de um governo mundial.
- **1948.** Morte de Mileva em Zurique.
- **1950.** Einstein nomeia como legatária de sua obra a Universidade de Jerusalém, para cuja edificação ele tanto contribuiu.
- **1951.** Morte de Maja Einstein, a irmã de Albert.
- **1952.** Einstein recebe o convite de Ben Gurion para ocupar a presidência do Estado de Israel, que ele declina.
- **1953.** Oposição declarada ao macarthismo. A pressão do FBI contra ele, que começou em 1932, torna-se mais intensa.

1954. Ele exibe publicamente seu apoio a Oppenheimer, vítima da "caça às bruxas".

1955. Morte de seu amigo de sempre Michele Besso.
Ele assina o manifesto de Bertrand Russell, pedindo a renúncia ao armamento nuclear.
No dia 18 de abril, à uma hora e quinze minutos da manhã, Albert Einstein morre em decorrência de uma ruptura de aneurisma abdominal no hospital de Princeton. Seu corpo foi cremado. Suas cinzas foram dispersadas em local secreto.

1999. *31 de dezembro*: *Time Magazine* escolhe Albert Einstein para sua reportagem "O Homem do Século".

2008. A fim de verificar as teorias das ondas gravitacionais, a Europa prepara-se para enviar uma sonda ao espaço.

Referências

OBRAS DE ALBERT EINSTEIN

The Collected Papers of Albert Einstein, vol. 1-10, 1987-2006, Princeton, Princeton University Press. Os *Collected Papers of Albert Einstein* reúnem quize mil documentos em cerca de trinta volumes que retraçam, a partir de artigos, notas e cartas, a vida de Einstein, sem deixar fora nenhum detalhe, desde os rumores sobre o abandono de Lieserl, sua primeira filha, até sua vida amorosa tumultuada, passando pela grande quantidade de seus combates, pesquisas, dúvidas e vitórias. Trabalho colossal empreendido essencialmente por equipes de pesquisadores da Universidade de Princeton que, em 2007, ainda não reunia senão os dez primeiros volumes.

Comme je vois le monde, Flammarion, 1934, trad. francesa de R. Hanrion, Flammarion, 1958, col. "Champs", 1979.

Conceptions scientifiques, morales et sociales, trad. francesa de Maurice Solovine, Flammarion, 1952, reed. resumida, Flammarion, 1990.

Einstein on Peace, editado por O. Nathan e H. Norden, prefácio de Bertrand Russell, Simon & Schuster, Nova York, 1960.

Ideas and Opinions, trad. S. Bergmann, Crown, Nova York, 1954, reed. Laurel, Nova York, 1981.

Lettres à Maurice Solovine. Briefe an Maurice Solovine, Gauthier-Villars, 1956, reed. Deutscher Verlag der Wissenschaften, Berlim, 1960.

Œuvres choisies, Relativités I et II, Le Seuil, 1993.

Œuvres choisies d'Albert Einstein, sob a dir. de Françoise Balibar, 6 vol., Le Seuil/CNRS Éditions, 1989-1993.

Out of My Later Years, Greenwood Press, Westport (Conn.), reed. 1970.

Physique, philosophie, politique, textos escolhidos e comentados por Françoise Balibar, trad. francesa de Marie Artaud *etalii*, Le Seuil, col. "Points sciences", 2002.

Réflexions sur l'életrodynamique, l'éther, la géometrie et la relativité, nouvelle ed. Gauthier-Villars, 1972.

La relativité. Théorie de la relativité restreinte et générale. La relativité et le problème de l'espace, trad. francesa do alemão por M. Solovine, Gauthier-Villars, 1954; Payot, col. "Petite Bibliothèque Payot, 2001.

La relativité, trad. do alemão por M.Solovine, Payot, 1990.

Relativités, editado por F. Balibar *et alii,* 2 vol., Le Seuil/CNRS Éditions, 1993.

EINSTEIN, A.; LORENTZ, H. A.; MINKOWZKI, H.; WEIL, H. *The Principle of Relativity.* Nova York: Dover, 1952 (tradução da 4ª edição de *Das Relativitätsprinzip,* Teubner, Leipzig, 1922).

EINSTEIN, A.; INFELD, L. *L'évolution des idées en physique.* Trad. francesa de M. Solovine. Paris: Flammarion, 1938.

EINSTEIN, A,; SEMMERFELD, A. Briefwechsel, Schwabe, Batê-Stuttgart, 1968.

EINSTEIN, A.; BORN, M. *Correspondance 1916-1955.* Trad. francesa de M. Solovine. Paris: Le Seuil, 1972.

EINSTEIN, A.; BESSO, M. *Correspondance 1903-1955.* Paris: Hermann, 1972, 1979.

EINSTEIN, A.; CARTAN, E. *Letters on Absolute Parallelism, 1929-1932.* Princeton: University Press, Academia Real da Bélgica, 1979.

OUTRAS OBRAS

ALIMI, J.-M. *Sur les traces d'Albert Einstein.* Paris: Hermann, 2005.

BALIBAR, F. *Galilée, Newton lu par Einstein.* Paris: PUF, 1984.

_____. *Einstein, la joie de la pensée.* Paris: Gallimard, col. "Découvertes", 1973.

BERGSON, H. *Durée et simultanéité.* Paris: PUF, 1992.

BORN, M. *Einstein's Theory of Relativity.* New York: Methuen, 1924, ed. revista e aumentada. New York: Dover, 1962.

COHEN, S. *La bombe atomique ou la stratégie de l'épouvante*. Paris: Gallimard, col. "Découvertes", 1955.

EISENTAEDT, J. *Einstein et la relativité general*. Paris: CNRS Éditions, 2007.

_____. *Le mythe d'Einstein naît d'une éclipse très médiatique*. Paris: Societé d'éditions scientifiques, 2006.

FADEL, K. *La paternité de la relativité: Einstein ou Poincaré?* Paris: Palais de la Découverte, 2006.

FRANK, P. *Einstein, sa vie et son temps*. Paris: Albin Michel, 1950; Flammarion, 1958, Flammarion, col. "Champs Flammarion", 1991.

HOFMANN, B. *Albert Einstein, créateur et rebelle*. Paris: Le Seuil, 1975.

_____. *Histoire d'une grande idée, la relativité*. Berlim, 1933.

INFELD, L. *Albert Einstein, his Work and its influence on our World*. Nova edição. New York: Scribner's Son, 1950.

ISAACSON, W. *Einstein His Life and Universe*. New York: Simon & Schuster, 2007.

KARLSCH, R. *La bombe de Hitler*. Paris: Calmann-Lévy, 2007.

KOUZNETSOV, B. *Einstein*. Trad. francesa do russo. Moscou: Éditions du progrès, 1965; Vervier: Marabout, 1967.

MERLEAU-PONTY, J. *Cosmologie du XXe siècle*. Paris: Gallimard, 1965.

_____. *Einstein*. Paris: Flammarion, 1993.

MONTMINY, J. *Origines et fondements philosophiques de la relativité*. Montreal: Bellarmin, 1995.

PAIS, A. *Albert Einstein, la vie et l'homme*. Trad. francesa do alemão. Paris: InterÉditions, 1993.

PATY, M. *Einstein philosophe*. Paris: PUF, 1993.

WEINBERG, S. *Les trois premières minutes de l'universe*. Paris: Le Seuil, 1978.

WILL, C. *Les enfants d'Einstein*. Paris: InterÉditions, 1988.

Notas

O BIG BANG

1. *Comment je vois le monde*, Flammarion, 1934, nova tradução francesa por Régis Hanrion, Flammarion, 1958, col. "Champs", 1979.
2. *Physique, philosophie, politique*, textos escolhidos e comentados por Françoise Balibar, tradução francesa de Marie Artaud *et alii*, Le Seuil, col. "Points sciences", 2002.
3. *Comment je vois le monde, op. cit.*

UMA INFÂNCIA ALEMÃ

1. *Comment je vois le monde, op. cit.*
2. Stefan Zweig, *Le monde d'hier*, Le Livre de poche, 1993.
3. *Physique, philosophie, politique, op. cit.*
4. *Comment je vois le monde, op. cit.*
5. *Ibid.*

O DESPERTAR DE UM GÊNIO

1. *Comment je vois le monde, op. cit.*

O ANO-LUZ

1. *Comment je vois le monde, op. cit.*

NO COMEÇO ERAM AS TREVAS

1. *Physique, philosophie, politique, op. cit.*

EINSTEIN E A QUESTÃO JUDAICA

1. *Comment je vois le monde, op. cit.*
2. *Ibid.*
3. *Ibid.*
4. *Ibid.*
5. *Ibid.*
6. *Physique, philosophie, politique, op. cit.*

7. *Ibid.*
8. *Ibid.*
9. *Comment je vois le monde, op. cit.*
10. *Physique, philosophie, politique, op. cit.*
11. *Comment je vois le monde, op. cit.*
12. *Ibid.*

A BOMBA

1. *Physique, philosophie, politique, op. cit.*

O ÚLTIMO COMBATE

1. *Comment je vois le monde, op. cit.*
2. *Ibid.*
3. *Physique, philosophie, politique, op. cit.*
4. Rainer Karlsch, *La bombe de Hitler*, Calmann-Lévy, 2007.
5. *Physique, philosophie, politique, op. cit.*
6. *Ibid.*
7. *Ibid.*
8. *Ibid.*
9. *Comment je vois le monde, op. cit.*
10. *Ibid.*
11. *Physique, philosophie, politique, op. cit.*

O FIM

1. *Physique, philosophie, politique, op. cit.*

Sobre o autor

Laurent Seksik é escritor e médico. É autor de *Les mauvaises pensées* (J.-C. Lattès, 1999, prêmio Wizo 2000), *La folle histoire* (J.-C. Lattès, 2003, prêmio Littré 2004) e *La consultation* (J.-C. Lattès, 2006).

Coleção L&PM POCKET

- 1080. **Pedaços de um caderno manchado de vinho** – Bukowski
- 1081. **A ferro e fogo: tempo de solidão (vol.1)** – Josué Guimarães
- 1082. **A ferro e fogo: tempo de guerra (vol.2)** – Josué Guimarães
- 1084(17). **Desembarcando o Alzheimer** – Dr. Fernando Lucchese e Dra. Ana Hartmann
- 1085. **A maldição do espelho** – Agatha Christie
- 1086. **Uma breve história da filosofia** – Nigel Warburton
- 1088. **Heróis da História** – Will Durant
- 1089. **Concerto campestre** – L. A. de Assis Brasil
- 1090. **Morte nas nuvens** – Agatha Christie
- 1092. **Aventura em Bagdá** – Agatha Christie
- 1093. **O cavalo amarelo** – Agatha Christie
- 1094. **O método de interpretação dos sonhos** – Freud
- 1095. **Sonetos de amor e desamor** – Vários
- 1096. **120 tirinhas do Dilbert** – Scott Adams
- 1097. **200 fábulas de Esopo**
- 1098. **O curioso caso de Benjamin Button** – F. Scott Fitzgerald
- 1099. **Piadas para sempre: uma antologia para morrer de rir** – Visconde da Casa Verde
- 1100. **Hamlet (Mangá)** – Shakespeare
- 1101. **A arte da guerra (Mangá)** – Sun Tzu
- 1104. **As melhores histórias da Bíblia (vol.1)** – A. S. Franchini e Carmen Seganfredo
- 1105. **As melhores histórias da Bíblia (vol.2)** – A. S. Franchini e Carmen Seganfredo
- 1106. **Psicologia das massas e análise do eu** – Freud
- 1107. **Guerra Civil Espanhola** – Helen Graham
- 1108. **A autoestrada do sul e outras histórias** – Julio Cortázar
- 1109. **O mistério dos sete relógios** – Agatha Christie
- 1110. **Peanuts: Ninguém gosta de mim... (amor)** – Charles Schulz
- 1111. **Cadê o bolo?** – Mauricio de Sousa
- 1112. **O filósofo ignorante** – Voltaire
- 1113. **Totem e tabu** – Freud
- 1114. **Filosofia pré-socrática** – Catherine Osborne
- 1115. **Desejo de status** – Alain de Botton
- 1118. **Passageiro para Frankfurt** – Agatha Christie
- 1120. **Kill All Enemies** – Melvin Burgess
- 1121. **A morte da sra. McGinty** – Agatha Christie
- 1122. **Revolução Russa** – S. A. Smith
- 1123. **Até você, Capitu?** – Dalton Trevisan
- 1124. **O grande Gatsby (Mangá)** – F. S. Fitzgerald
- 1125. **Assim falou Zaratustra (Mangá)** – Nietzsche
- 1126. **Peanuts: É para isso que servem os amigos (amizade)** – Charles Schulz
- 1127(27). **Nietzsche** – Dorian Astor
- 1128. **Bidu: Hora do banho** – Mauricio de Sousa
- 1129. **O melhor do Macanudo Taurino** – Santiago
- 1130. **Radicci 30 anos** – Iotti
- 1131. **Show de sabores** – J.A. Pinheiro Machado
- 1132. **O prazer das palavras** – vol. 3 – Cláudio Moreno
- 1133. **Morte na praia** – Agatha Christie
- 1134. **O fardo** – Agatha Christie
- 1135. **Manifesto do Partido Comunista (Mangá)** – Marx & Engels
- 1136. **A metamorfose (Mangá)** – Franz Kafka
- 1137. **Por que você não se casou... ainda** – Tracy McMillan
- 1138. **Textos autobiográficos** – Bukowski
- 1139. **A importância de ser prudente** – Oscar Wilde
- 1140. **Sobre a vontade na natureza** – Arthur Schopenhauer
- 1141. **Dilbert (8)** – Scott Adams
- 1142. **Entre dois amores** – Agatha Christie
- 1143. **Cipreste triste** – Agatha Christie
- 1144. **Alguém viu uma assombração?** – Mauricio de Sousa
- 1145. **Mandela** – Elleke Boehmer
- 1146. **Retrato do artista quando jovem** – James Joyce
- 1147. **Zadig ou o destino** – Voltaire
- 1148. **O contrato social (Mangá)** – J.-J. Rousseau
- 1149. **Garfield fenomenal** – Jim Davis
- 1150. **A queda da América** – Allen Ginsberg
- 1151. **Música na noite & outros ensaios** – Aldous Huxley
- 1152. **Poesias inéditas & Poemas dramáticos** – Fernando Pessoa
- 1153. **Peanuts: Felicidade é...** – Charles M. Schulz
- 1154. **Mate-me por favor** – Legs McNeil e Gillian McCain
- 1155. **Assassinato no Expresso Oriente** – Agatha Christie
- 1156. **Um punhado de centeio** – Agatha Christie
- 1157. **A interpretação dos sonhos (Mangá)** – Freud
- 1158. **Peanuts: Você não entende o sentido da vida** – Charles M. Schulz
- 1159. **A dinastia Rothschild** – Herbert R. Lottman
- 1160. **A Mansão Hollow** – Agatha Christie
- 1161. **Nas montanhas da loucura** – H.P. Lovecraft
- 1162(28). **Napoleão Bonaparte** – Pascale Fautrier
- 1163. **Um corpo na biblioteca** – Agatha Christie
- 1164. **Inovação** – Mark Dodgson e David Gann
- 1165. **O que toda mulher deve saber sobre os homens: a afetividade masculina** – Walter Riso
- 1166. **O amor está no ar** – Mauricio de Sousa
- 1167. **Testemunha de acusação & outras histórias** – Agatha Christie
- 1168. **Etiqueta de bolso** – Celia Ribeiro
- 1169. **Poesia reunida (volume 3)** – Affonso Romano de Sant'Anna
- 1170. **Emma** – Jane Austen
- 1171. **Que seja em segredo** – Ana Miranda
- 1172. **Garfield sem apetite** – Jim Davis
- 1173. **Garfield: Foi mal...** – Jim Davis
- 1174. **Os irmãos Karamázov (Mangá)** – Dostoiévski
- 1175. **O Pequeno Príncipe** – Antoine de Saint-Exupéry
- 1176. **Peanuts: Ninguém mais tem o espírito aventureiro** – Charles M. Schulz
- 1177. **Assim falou Zaratustra** – Nietzsche

1178. Morte no Nilo – Agatha Christie
1179. Ê, soneca boa – Mauricio de Sousa
1180. Garfield a todo o vapor – Jim Davis
1181. Em busca do tempo perdido (Mangá) – Proust
1182. Cai o pano: o último caso de Poirot – Agatha Christie
1183. Livro para colorir e relaxar – Livro 1
1184. Para colorir sem parar
1185. Os elefantes não esquecem – Agatha Christie
1186. Teoria da relatividade – Albert Einstein
1187. Compêndio da psicanálise – Freud
1188. Visões de Gerard – Jack Kerouac
1189. Fim de verão – Mohiro Kitoh
1190. Procurando diversão – Mauricio de Sousa
1191. E não sobrou nenhum e outras peças – Agatha Christie
1192. Ansiedade – Daniel Freeman & Jason Freeman
1193. Garfield: pausa para o almoço – Jim Davis
1194. Contos do dia e da noite – Guy de Maupassant
1195. O melhor de Hagar 7 – Dik Browne
1196.(29). Lou Andreas-Salomé – Dorian Astor
1197.(30). Pasolini – René de Ceccatty
1198. O caso do Hotel Bertram – Agatha Christie
1199. Crônicas de motel – Sam Shepard
1200. Pequena filosofia da paz interior – Catherine Rambert
1201. Os sertões – Euclides da Cunha
1202. Treze à mesa – Agatha Christie
1203. Bíblia – John Riches
1204. Anjos – David Albert Jones
1205. As tirinhas do Guri de Uruguaiana 1 – Jair Kobe
1206. Entre aspas (vol.1) – Fernando Eichenberg
1207. Escrita – Andrew Robinson
1208. O spleen de Paris: pequenos poemas em prosa – Charles Baudelaire
1209. Satíricon – Petrônio
1210. O avarento – Molière
1211. Queimando na água, afogando-se na chama – Bukowski
1212. Miscelânea septuagenária: contos e poemas – Bukowski
1213. Que filosofar é aprender a morrer e outros ensaios – Montaigne
1214. Da amizade e outros ensaios – Montaigne
1215. O medo à espreita e outras histórias – H.P. Lovecraft
1216. A obra de arte na era de sua reprodutibilidade técnica – Walter Benjamin
1217. Sobre a liberdade – John Stuart Mill
1218. O segredo de Chimneys – Agatha Christie
1219. Morte na rua Hickory – Agatha Christie
1220. Ulisses (Mangá) – James Joyce
1221. Ateísmo – Julian Baggini
1222. Os melhores contos de Katherine Mansfield – Katherine Mansfield
1223.(31). Martin Luther King – Alain Foix
1224. Millôr Definitivo: uma antologia de A Bíblia do Caos – Millôr Fernandes
1225. O Clube das Terças-Feiras e outras histórias – Agatha Christie
1226. Por que sou tão sábio – Nietzsche
1227. Sobre a mentira – Platão
1228. Sobre a leitura *seguido do* Depoimento de Céleste Albaret – Proust
1229. O homem do terno marrom – Agatha Christie
1230.(32). Jimi Hendrix – Franck Médioni
1231. Amor e amizade e outras histórias – Jane Austen
1232. Lady Susan, Os Watson e Sanditon – Jane Austen
1233. Uma breve história da ciência – William Bynum
1234. Macunaíma: o herói sem nenhum caráter – Mário de Andrade
1235. A máquina do tempo – H.G. Wells
1236. O homem invisível – H.G. Wells
1237. Os 36 estratagemas: manual secreto da arte da guerra – Anônimo
1238. A mina de ouro e outras histórias – Agatha Christie
1239. Pic – Jack Kerouac
1240. O habitante da escuridão e outros contos – H.P. Lovecraft
1241. O chamado de Cthulhu e outros contos – H.P. Lovecraft
1242. O melhor de Meu reino por um cavalo! – Edição de Ivan Pinheiro Machado
1243. A guerra dos mundos – H.G. Wells
1244. O caso da criada perfeita e outras histórias – Agatha Christie
1245. Morte por afogamento e outras histórias – Agatha Christie
1246. Assassinato no Comitê Central – Manuel Vázquez Montalbán
1247. O papai é pop – Marcos Piangers
1248. O papai é pop 2 – Marcos Piangers
1249. A mamãe é rock – Ana Cardoso
1250. Paris boêmia – Dan Franck
1251. Paris libertária – Dan Franck
1252. Paris ocupada – Dan Franck
1253. Uma anedota infame – Dostoiévski
1254. O último dia de um condenado – Victor Hugo
1255. Nem só de caviar vive o homem – J.M. Simmel
1256. Amanhã é outro dia – J.M. Simmel
1257. Mulherzinhas – Louisa May Alcott
1258. Reforma Protestante – Peter Marshall
1259. História econômica global – Robert C. Allen
1260.(33). Che Guevara – Alain Foix
1261. Câncer – Nicholas James
1262. Akhenaton – Agatha Christie
1263. Aforismos para a sabedoria de vida – Arthur Schopenhauer
1264. Uma história do mundo – David Coimbra
1265. Ame e não sofra – Walter Riso
1266. Desapegue-se! – Walter Riso
1267. Os Sousa: Uma família do barulho – Mauricio de Sousa
1268. Nico Demo: O rei da travessura – Mauricio de Sousa
1269. Testemunha de acusação e outras peças – Agatha Christie

1270(34). **Dostoiévski** – Virgil Tanase
1271. **O melhor de Hagar 8** – Dik Browne
1272. **O melhor de Hagar 9** – Dik Browne
1273. **O melhor de Hagar 10** – Dik e Chris Browne
1274. **Considerações sobre o governo representativo** – John Stuart Mill
1275. **O homem Moisés e a religião monoteísta** – Freud
1276. **Inibição, sintoma e medo** – Freud
1277. **Além do princípio de prazer** – Freud
1278. **O direito de dizer não!** – Walter Riso
1279. **A arte de ser flexível** – Walter Riso
1280. **Casados e descasados** – August Strindberg
1281. **Da Terra à Lua** – Júlio Verne
1282. **Minhas galerias e meus pintores** – Kahnweiler
1283. **A arte do romance** – Virginia Woolf
1284. **Teatro completo v. 1: As aves da noite** *seguido de* **O visitante** – Hilda Hilst
1285. **Teatro completo v. 2: O verdugo** *seguido de* **A morte do patriarca** – Hilda Hilst
1286. **Teatro completo v. 3: O rato no muro** *seguido de* **Auto da barca de Camiri** – Hilda Hilst
1287. **Teatro completo v. 4: A empresa** *seguido de* **O novo sistema** – Hilda Hilst
1289. **Fora de mim** – Martha Medeiros
1290. **Divã** – Martha Medeiros
1291. **Sobre a genealogia da moral: um escrito polêmico** – Nietzsche
1292. **A consciência de Zeno** – Italo Svevo
1293. **Células-tronco** – Jonathan Slack
1294. **O fim do ciúme e outros contos** – Proust
1295. **A jangada** – Júlio Verne
1296. **A ilha do dr. Moreau** – H.G. Wells
1297. **Ninho de fidalgos** – Ivan Turguêniev
1298. **Jane Eyre** – Charlotte Brontë
1299. **Sobre gatos** – Bukowski
1300. **Sobre o amor** – Bukowski
1301. **Escrever para não enlouquecer** – Bukowski
1302. **222 receitas** – J. A. Pinheiro Machado
1303. **Reinações de Narizinho** – Monteiro Lobato
1304. **O Saci** – Monteiro Lobato
1305. **Memórias da Emília** – Monteiro Lobato
1306. **O Picapau Amarelo** – Monteiro Lobato
1307. **A reforma da Natureza** – Monteiro Lobato
1308. **Fábulas** *seguido de* **Histórias diversas** – Monteiro Lobato
1309. **Aventuras de Hans Staden** – Monteiro Lobato
1310. **Peter Pan** – Monteiro Lobato
1311. **Dom Quixote das crianças** – Monteiro Lobato
1312. **O Minotauro** – Monteiro Lobato
1313. **Um quarto só seu** – Virginia Woolf
1314. **Sonetos** – Shakespeare
1315(35). **Thoreau** – Marie Berthoumieu e Laura El Makki
1316. **Teoria da arte** – Cynthia Freeland
1317. **A arte da prudência** – Baltasar Gracián
1318. **O louco** *seguido de* **Areia e espuma** – Khalil Gibran
1319. **O profeta** *seguido de* **O jardim do profeta** – Khalil Gibran
1320. **Jesus, o Filho do Homem** – Khalil Gibran
1321. **A luta** – Norman Mailer
1322. **Sobre o sofrimento do mundo e outros ensaios** – Schopenhauer
1323. **Epidemiologia** – Rodolfo Sacacci
1324. **Japão moderno** – Christopher Goto-Jones
1325. **A arte da meditação** – Matthieu Ricard
1326. **O adversário secreto** – Agatha Christie
1327. **Pollyanna** – Eleanor H. Porter
1328. **Espelhos** – Eduardo Galeano
1329. **A Vênus das peles** – Sacher-Masoch
1330. **O 18 de brumário de Luís Bonaparte** – Karl Marx
1331. **Um jogo para os vivos** – Patricia Highsmith
1332. **A tristeza pode esperar** – J.J. Camargo
1333. **Vinte poemas de amor e uma canção desesperada** – Pablo Neruda
1334. **Judaísmo** – Norman Solomon
1335. **Esquizofrenia** – Christopher Frith & Eve Johnstone
1336. **Seis personagens em busca de um autor** – Luigi Pirandello
1337. **A Fazenda dos Animais** – George Orwell
1338. **1984** – George Orwell
1339. **Ubu Rei** – Alfred Jarry
1340. **Sobre bêbados e bebidas** – Bukowski
1341. **Tempestade para os vivos e para os mortos** – Bukowski
1342. **Complicado** – Natsume Ono
1343. **Sobre o livre-arbítrio** – Schopenhauer
1344. **Uma breve história da literatura** – John Sutherland
1345. **Você fica tão sozinho às vezes que até faz sentido** – Bukowski
1346. **Um apartamento em Paris** – Guillaume Musso
1347. **Receitas fáceis e saborosas** – José Antonio Pinheiro Machado
1348. **Por que engordamos** – Gary Taubes
1349. **A fabulosa história do hospital** – Jean-Noël Fabiani
1350. **Voo noturno** *seguido de* **Terra dos homens** – Antoine de Saint-Exupéry
1351. **Doutor Sax** – Jack Kerouac
1352. **O livro do Tao e da virtude** – Lao-Tsé
1353. **Pista negra** – Antonio Manzini
1354. **A chave de vidro** – Dashiell Hammett
1355. **Martin Eden** – Jack London
1356. **Já te disse adeus, e agora, como te esqueço?** – Walter Riso
1357. **A viagem do descobrimento** – Eduardo Bueno
1358. **Náufragos, traficantes e degredados** – Eduardo Bueno
1359. **Retrato do Brasil** – Paulo Prado
1360. **Maravilhosamente imperfeito, escandalosamente feliz** – Walter Riso
1361. **É...** – Millôr Fernandes
1362. **Duas tábuas e uma paixão** – Millôr Fernandes
1363. **Selma e Sinatra** – Martha Medeiros
1364. **Tudo que eu queria te dizer** – Martha Medeiros
1365. **Várias histórias** – Machado de Assis

lepmeditores
www.lpm.com.br
o site que conta tudo

IMPRESSÃO:

PALLOTTI
GRÁFICA

Santa Maria - RS | Fone: (55) 3220.4500
www.graficapallotti.com.br